의욕과
집중력이
생기는
공부법

교토대학 수석 합격자가 가르쳐주는
의욕과 집중력이 생기는 공부법

초판 1쇄 인쇄 2017년 3월 15일
초판 1쇄 발행 2017년 3월 20일

지은이 | 구메하라 케이타로
옮긴이 | 박재현
펴낸이 | 전영화
펴낸곳 | 다연
주소 | 경기도 파주시 문발로 115, 세종출판벤처타운 404호
전화 | 070-8700-8767
팩스 | 031-814-8769
메일 | dayeonbook@naver.com

본문 | 미토스
표지 | 김윤남

ⓒ 다연

ISBN 979-11-87962-07-6 (03320)

* 잘못 만들어진 책은 구입처에서 교환 가능합니다.

교토대학 수석 합격자가 가르쳐주는

의욕과
집중력이
생기는
공부법

구메하라 케이타로 지음 · 박재현 옮김

다연
DAYEONBOOK

〈두뇌왕〉에
2회 출전하고

'도쿄대나 교토대 학생이 출연하는 두뇌왕 본선에 진출할 만큼 당신은 뛰어난 능력자입니다. 저와는 두뇌부터가 다르군요.'

이런 내용의 메시지를 지금껏 얼마나 많이 받았는지 모른다. TV에서든 일상에서든 한바탕 드러난 천재들의 활약상 앞에서 많은 이가 상대적으로 낮아 보이는 자신의 학습 능력을 재능 탓으로 돌리며 공부를 좀 더 잘하기 위한 노력조차 아예 포기해버린다. 그런데 정말 재능을 탓하는 게 맞는 걸까?

2014년과 2015년, 나는 니혼TV 프로그램 〈최강의 두뇌 일본 최고결정전 두뇌왕〉에 연속 출전하면서 이른바 천재들과 만날 수 있었다. 교토대학에 다니면서 다양한 분야의 일류 전문가들과 이야기를 나눌 기회 또한 잦았다.

그들과 만나면서 다시금 깨달은 것은 선천적 재능, 우수한 두뇌만으로 천재라 불리는 사람은 단 한 명도 없다는 사실이다. 그들 중 누구 하나 열심히 노력하지 않은 이가 없다. 그 결과로서 그들은 천재라 불리게 되었다. 물론 많은 이에게 이 '노력'이라는 부분이 바로 문제일 것이다.

성적 올리는
공부 방법

예를 들어 영어 단어 시험이 있다고 가정해보자. 당신은 열흘 동안 영어 단어 100개를 암기해야 한다. 이때 어떤 방법으로 영어 단어를 외워야 할까?

① 1일 10개씩 완벽하게 암기해간다.
② 매일 100개를 대략적으로 반복해 암기한다.

효율적으로 좋은 점수를 받기 위한 방법은 ②다. ①의 문제는 1일 10개씩 완벽하게 외울지라도 '복습'이 부족한 탓에 며칠 뒤 잊어버릴 확률이 높다는 데 있다. 그러나 매일 대략적으로라도 100개의 영어 단어를 반복하여 암기하면 어떻게 될까? 영어 단어 1개당 적어도 10번은 보게 된다. 기억은 반복할수록 강화되기 때문에 ②가 좀 더 효율적이다.

실제로 최근 ②의 암기 방법을 선택하는 사람이 많다. 그중에는 '영어는 음독!'이라는 말에 따라 읽으며 외우는 방법을 활용하는 사람도 있을 것이다.

우리 주변에는 힘들게 공부하는 것 같지 않은데 의외로 좋은 점수를 받는 사람이 있다. 그런 사람을 보며 '머리가 좋은가 보다'라고 생각하면서 한편으로는 그렇게 하지 못하는 자신에게 낙담할지 모른다. 하지만 그럴 필요 없다. 시험에서 좋은 점수를 받는 데 필요한 것은 우수한 두뇌가 아니라 공부 방법이니까.

성적을 올리는 데 필요한 것은
우수한 두뇌가 아니다

요령 있게 공부하는 사람이 있다. 운동부에 속하여 선수로 바쁘게 생활하는 와중에도 시험에서 좋은 점수를 받는다. 평소 잘 놀지만 시험 전에 바짝 공부하여 반에서 최고 성적을 유지한다. 그들이 좋은 성적을 받는 이유는 단순히 머리가 좋기 때문만은 아니다. 공부하는 방법을 알고 있기 때문이다. 그들은 시험에서 좋은 점수를 받아 희망하는 대학에 합격하고, 필요한 분야의 자격증을 따낸다. 그러나 대개의 사람은 어떤가? 이러한 목표들을 이루기 위해 무턱대고 공부해보지만 생각처럼 잘되지 않는다. 사실, '무턱대고 공부한다'는 것은 지도 없이 목적지를 향해 나아가는 것과 같다. 이를 명심하고 대입 합격, 자격증 획득이라는 목표를 달성하기 위해 우선 '공부하는 방법'부터 공부하자!

나는 '공부는 보상이 큰 게임'이라고 생각한다. 공부가 게임이라는 말에 "터무니없는 소리! 공부가 얼마나 지루하고 힘든데!"라고 반박하는 사람도 있을 것이다. 여기서 잠시 생각해보자. 왜 공부가 지루하고 힘든 것이 되어버렸을까? 아마 다음과 같은 이유 때문일 것이다.

◆ 공부가 자신에게 어떤 도움을 주는지 알지 못한다.

→ 열심히 공부해도 좀처럼 성적이 오르지 않는다.

◆ 공부해도 이해하기 어렵고 그러니 기억에 남지 않는다.

→ 애당초 무엇을 어떻게 공부해야 할지 모른다.

'공부 = 지루한 것.'

이 공식을 깨기 위해 나는 공부법을 가르치고 있다. 나는 온라인 개인 학원 '구메하라 학원'을 운영하고 있다. 여기서는 학교나 일반 학원에서 진행하는 수업을 거의 하지 않는다. 나를 비롯한 교토대학 학생들, 소위 '머리 좋은 사람'이 어떤 식으로 공부하는지, 그 방법을 주로 가르친다. 각자에게 맞는 공부법, 의욕이 전혀 생기지 않을 때 활력을 불어넣는 방법, 무엇을 어떻게 사용하여 공부하면 좋은지를 함께 생각하고 조언하는 것이 주목적이다.

개중에는 하루 1시간도 공부하지 않던 학생이 당연하다는 듯 매일 5시간씩 공부하여 놀랄 만한 성적을 올렸다. 사실, 이런 일은 우리 학원에서 다반사다.

이 책으로 말미암아 조금이라도 공부가 재미있어지길 바란다. 그래서 당신의 성적이 오르기를 바란다. 이것이 이 책의 집필 목적이다.

그동안 공부법을 가르치면서 실제로 많은 학생의 성적을 올린 실전 노하우를 이 책에 여과 없이 모두 담았다. 지금 당장이라도 사용할 수 있도록 효율적인 공부법과 더불어 공부 잘하는 사람의 비법 또한 소개했다. 이 책이 조금이나마 당신의 인생을 행복하게 해준다면 그보다 더 큰 기쁨은 없을 것이다.

Contents

Chapter 3 누구나 이끌어낼 수 있는 의욕과 집중력

Chapter 1
공부에 재능은 필요 없다

전화번호를 기억할 정도면
도쿄대학에 합격할 수 있다?

공부 못하는 사람이 늘어놓는 변명이란 "머리가 나쁘다", "아무리 외워도 외워지지 않는다" 하는 게 고작이다. 그런 사람에게 내가 꼭 묻는 말이 있다.

"집 전화번호는 외우세요?"

왜 이 질문을 할까? 전화번호를 기억할 정도면 뭐든 암기할 수 있기 때문이다.

누구나 당연하다는 듯 전화번호를 암기하는데 사실 이는 놀라운 일이다. 전화번호는 10자리 전후의 숫자 조합으로, 거기에 규칙성은 없다. 그저 의미 없는 숫자 나열일 뿐이다. 하물며 그 10자리 숫자를 연상되는 말과 연관 지어 암기하지도 않는다.

대개 숫자 나열을 머릿속에 저장할 때 자주 '언어유희', 즉 연상되는 말과 연관 지어서 암기한다. 흔히 단 4자리 숫자를 기억하기 위해 이 방식을 사용한다. 왜냐하면 4자리 숫자라도 의미

없는 숫자를 4개나 기억하는 것은 어렵기 때문이다.

그런데 웬일인지 다들 전화번호는 술술 막힘없이 외운다. 언어유희 같은 방식을 사용하지 않고도 말이다. 그러고는 필요할 때마다 10자리나 되는 무의미한 숫자 나열을 고스란히 기억해낸다. 이것은 실로 엄청난 능력이다.

전화번호를 묻는 질문에 "머리가 나빠서 기억 못해요" 혹은 "기억력이 안 좋아서 아직 못 외웠어요"라고 말하는 사람은 아무도 없다. 결국 우리는 엄청난 기억력의 소유자들이다. 지금 이 책을 읽는 독자들 중 자신의 스마트폰 전화번호를 기억하지 못하는 사람이 있을까? 아마 단 한 명도 없을 것이다.

전화번호를 암기하는 기억력의 소유자라면 얼마든지 도쿄대학 혹은 교토대학에 합격할 수 있다. 대입 시험에 재능 따윈 필요 없다. 물론 일류 대학에 합격하는 일이 결코 쉬운 일은 아니지만.

누군가는 어렵게 암기해야 하는 역사 등의 과목 때문에, 누군가는 좀처럼 풀리지 않는 수학 과목 때문에 애를 먹고 있을 것이다. 하지만 이는 효율적인 공부 방법 개선으로 얼마든지 극복할 수 있다. 지금부터 그 방법을 소개할까 한다.

왜
공부를 해야 하는가?

'왜 공부합니까?'

이 질문을 던진다면 당신은 어떤 대답을 할 것인가? 실제로 메일매거진이나 트위터로 이 질문을 던졌을 때, 돌아오는 답변은 대개 다음과 같다.

◆ 꼭 가야 할 대학이 있어서!

◆ 부모님이 공부하라고 하니까!

◆ 주위 사람들이 모두 공부하니까!

당신의 대답은 무엇인가? 혹시 이 대답들 중에 있는가?

잠시 한번 생각해보자. 왜 공부해야 한다고 말하는 것일까? 왜 좋은 점수를 받으라고 하는 것일까? 솔직한 얘기로, 예컨대 2차 함수가 살아가는 데 무슨 쓸모가 있는가? 미국인이 아니므로 영어를 못해도 상관없지 않은가? 수학과 영어 외에도 공부라는 것이 내 인생에 도움이 되는 것일까? 이런 생각을 누구나 한 번쯤은 해본다.

사실, 공부가 견딜 수 없을 만큼 흥미롭다고 생각하는 경우는 거의 없다. 공부가 만화나 게임처럼 재미있다면 도움이 되는지는 알 수 없지만 계속할 수는 있을 것이다. 그런데 공부는 그리 흥미롭지 않다. 그러니 당연히 많은 사람이 공부를 싫어한다. 공부법을 가르치는 나조차 때로는 공부하는 게 싫다. 공부보다 만화책을 읽는 게, 친구와 노는 게 더 좋다.

'도대체 왜 공부를 해야만 하는 거야?'

이런 생각이 들 때 반드시 알아야 할 것이 있다.

공부는
반드시 해야만 하는 게 아니다

인상 깊게 본 드라마 〈여왕의 교실〉이 있다. 극중에는 매우 까다롭고 차가운 데다 엄하지만 학생을 최우선으로 생각하는 멋진 선생님이 등장하는데, 지금도 그녀의 말이 기억에 남아 있다.

"공부는 하지 않으면 안 되는 것이 아닙니다. 하고 싶다고 생각해야 하는 것입니다."

나는 그 말을 듣고 왠지 마음이 홀가분해졌다. 그때까지 나는 '공부 = 절대 하지 않으면 안 되는 것'이라고 생각하고 있었다. 그렇다. 공부는 반드시 하지 않아도 된다. 그럼에도 극중의 선생님 말을 들었을 때 저절로 '공부해볼까' 하는 생각이 들었다.

이 책을 읽는 당신 역시 공부라는 영역 앞에서 '하기 싫다', '재미없다', '지루하다' 등등을 생각하면서도 한편으로는 '공부하고 싶다', '잘하고 싶다', '더 잘하고 싶다' 등등의 마음 또한 들 것이다. 바로 이 마음을 소중히 생각하며 잘 붙잡아야 한다.

입시 공부를 하면
이런 게 득!

중학생 시절, 공부는 안 하면 안 된다는 생각에 사로잡혀 있었다. 그러면서도 과연 공부 같은 게 무슨 의미가 있는지 의문을 품었다. 나는 지극히 평범한 학생이었는데, 지금 돌이켜보면 공부하길 참 잘했다고 생각한다. 여기서는 공부로 얻을 수 있는 것들을 이야기해볼까 한다.

1. 공부에 힘쓰면 자신감이 생긴다.

사는 동안 몇 번은 최선을 다해 애쓸 때가 있게 마련이다. 그중 하나가 입시 때이다. 이 시기에 분발하여 시험을 잘 치러낸다면 '난 최선을 다했다'는 성취감과 더불어 자신감이 생긴다.

다음번 분발할 일이 생길 때도 입시에 최선을 다했으니 이번에도 온 힘을 다해 달성할 수 있다고 생각한다. 물론 최선을 다한 결과로 제1지망 대학에 합격할 수 있다면 엄청난 자신감이 붙을 것이다. 그러나 비록 제1지망 대학에 합격하지 못했다고 해도 '노력했다'는 마음은 남는다.

지금까지 내가 지도해온 학생 대부분은 제1지망에 합격했다. 물론 불합격한 학생도 있다.

내가 2년 전에 지도했던 K군도 불합격 통지서를 받았다. 그는 나도 놀랄 만큼 열심히 공부하여 입학 시험을 치를 때까지 큰 폭으로 성적을 끌어올렸다. 하지만 제1지망 대학에 들어가기에는 점수가 다소 부족했다. 불합격으로 큰 충격을 받은 그는 낙방 사실을 내게 메일로 알려왔다. 나 또한 그 연락을 받고 낙담했다.

그러나 1년 뒤, 그에게 연락이 왔다. 제2지망 사립대학에 진학한 그는 매일 즐거운 대학생활을 누리고 있었다. 안부 메일에는 현재 테니스 동아리 활동을 하고 있고, 대학에서 듣고 싶은 강의를 마음껏 듣고 있고, 부모님 곁을 떠나 처음으로 자유로운 생활을 만끽하고 있다는 밝은 내용이 가득했다(물론 매일 컵라면과 소고기덮밥을 먹는다는 다소 걱정스러운 내용도 있긴 했지만).

그런 K군의 대학 성적은 매우 좋았다. 제2지망 대학이었음에도 사실, 애당초 자신의 실력으로는 도저히 들어갈 수 없는 학교였다. 자신보다 머리 좋은 사람들 틈에서 제대로 수업을 따라갈 수 있을지 걱정부터 앞섰다. 하지만 시험 결과는 전혀 의외로 나왔다.

K군과 그 이후 몇 번 더 메일을 주고받았는데 그는 이런 말을 해주었다.

'지금까지 노력이라고는 하지 않던 제가 수험생으로서 공부에 몰두했습니다. 제1지망에 합격하지 못한 것은 죽는 날까지 아쉽겠지만 최선을 다해 노력했던 것만큼은 저 스스로 잘 압니다. 그래서 대학에서의 시험도 열심히 치르고 싶었습니다.'

결국 '나는 최선을 다해 노력했다'는 실감이 그 자신을 크게 성장시킨 것이다.

2. '정보 수집 → 계획 입안 → 실천 & 수정'의 흐름을 배울 수 있다.

공부, 특히 자격 시험이나 고등학교·대학교의 입시 공부에서 가장 먼저 해야 하는 일은 '정보 수집'이다. 자신이 치러야 하는 시험이 어떤 것인지를 상세히 알지 않으면 안 된다. 정보 수집 없이 시험에 임한다는 것은 스마트폰의 지도 어플리케이션 없이 낯선 곳을 찾아가는 것과 다르지 않다.

정보 수집을 한 후 다음 단계는 '계획 입안'이다. 수집한 정보를 근거로 수험 때까지 무엇을 어떻게 공부할 것인지 계획을 세운다.

계획 입안을 한 다음에는 당연히 '실천'이 뒤따라야 한다. 계획한 스케줄에 따라 공부해 나아간다. 이때 자신이 효율적으로 목표를 향해 학습하고 있는지를 수시로 확인해야 한다. 그 과정에서 필요하다면 다시 정보를 수집하고 계획을 '수정'한다.

이 '정보 수집 → 계획 입안 → 실천 & 수정'의 흐름을 몸소 체험하고 체화한다면 앞으로의 인생이 크게 달라질 것이다. 고등학교 입시와 대학교 입시는 물론 취업 활동과 취직 이후의 자격증 취득 등 여러 시점에서 엄청난 힘이 될 것이다. 심지어 시험 외의 실생활에서도 큰 도움이 될 것이다.

이 흐름은 인생을 좀 더 바람직한 것으로 만드는 데 반드시 필요한 기술이다. 이런 기술을 체화하는 데 입시 공부만큼 적합한 것도 없다.

3. 대학 진학으로 인생의 선택지는 넓어진다.

"대학에서 배우고 싶은 게 없다", "꿈은커녕 목표도 없다" 등 등의 말을 빈번히 하는 사람이 있다. 이런 사람에게 공부할 의욕이 생길 리 만무하다. 그러나 나는 이런 사람일수록 대학을 목표로 공부해야 한다고 믿는다.

대부분의 대학이 입학생에게 곧바로 학부의 전문 내용을 가르치지는 않는다. 대개는 일반 교양 과목으로, 학생 자신이 흥미를 느끼는 분야의 강의를 들을 수 있다. 일례로 내 전공은 경제학이지만 물리학을 비롯하여 화학, 문학 등 다양한 분야의 강의를 수강했다.

경제학부에 입학한 사람이 반드시 은행이나 증권 회사에 취직하는 것은 아니다. 나도 지금은 법학과 대학원생으로서 법률을 공부하며 학생들에게 공부하는 방법을 지도하고 있다. 솔직히 말해 경제 쪽에는 그다지 관심이 없다.

내 지인들 중 경제학부 졸업 뒤 신문기자가 된 친구도 있고, 사진작가 밑으로 들어간 친구도 있다. 이공계 학부에 들어갔지만 최종적으로는 인문계 분야에 취직한 친구도 많다.

분명 대학에서는 전문성이 높은 공부를 한다. 이는 사회에 진출하여 일해야 하기 때문이기도 하다. 대개 자신이 들어간 학부와 관련된 일을 하지만 모두가 꼭 그 길만 밟는 것은 아니다.

대학이라는 곳에는 참으로 각양각색의 학도가 모여든다. 그 덕분에 온갖 만남의 기회를 얻을뿐더러 변화하는 계기를 맞기도 한다. 배울 수 있는 학문 또한 진학 학부에 국한되지 않는다.

그러고 보면 대학이라는 공간은 가능성을 확장시키는 데 안성맞춤인 장소다. 따라서 자신의 미래가 보이지 않는 사람일수록 대학을 목표로 공부하기를 권한다.

4. 천재들의 노력, 그 결정을 배울 수 있다.

입시 공부를 할 때 천재들은 노력에 노력을 거듭하고, 때로는 일생을 걸고 어떤 법칙에 다다르기도 한다. 물리, 화학, 생물, 지리학, 수학 같은 이과 과목에는 그런 법칙들이 많다. 문과 과목도 마찬가지다. 수많은 학자가 고전 문학, 한문, 역사 등에 많은 문헌을 남기고 있어 그것을 지식으로서 배울 수 있다.

공부하는 이유가
이기적이라도 좋다

거듭 말하지만 공부하는 게 이득이다. 그럼에도 여전히 이 말에 고개를 갸웃거리는 사람이 있을 것이다.

'시험 공부가 도움이 된다는 얘기는 어렴풋이 알 것도 같다. 그렇다고 해서 노력할 것 같지는 않다.'

혹시라도 이런 생각을 하고 있다면 먼저 자신이 왜 공부해야 하는지 그 이유부터 분명해 해두자. 바람직한 이유가 아니라도 상관없다.

내 친구 중에는 '여자 친구를 사귀고 싶어서'라는 불순한(?) 목적으로 게이오기주쿠대학에 들어간 녀석도 있다. 그는 고2 때 간단한 인수분해 문제도 풀지 못할 만큼 형편없는 실력의 소유자였다.

그랬던 그가 '여학생들에게 인기 있는 남자가 되겠다!'는 강한 동기를 가지면서부터 공부에 매진했다. 전혀 다른 사람으로 돌변한 그의 모습에 나는 물론 친구들 모두 무척 놀라워했다.

실제로 그는 게이오기주쿠대학 외에도 들어가기 어렵다는 사립대학 또한 합격했다. 결국 게이오기주쿠대학을 선택한 그가 이후에 게이오의 훈남으로 성장했을지는 솔직히 모른다(작년에 만났을 때 그는 여자 친구가 있다며 한탄했다). 여하튼 그는 미친 듯이 공부했던 그때 그 시절을 결코 후회하지 않았다.

시험을 치르는 경험은 인생을 살아가는 데 확실히 큰 힘이 된다. 최선을 다해 입시 준비를 하면서 갖게 된 자신감, 정보를 수집하고 계획을 세우고 그것을 수정하며 실천해가는 과정 속에서 터득한 인생 기술, 대학에 진학함으로써 확장된 선택지, 과거 천재 학자들이 노력으로 이룩해놓은 결정체인 그 지식을 배우는 일……. 이것들은 앞으로의 인생을 더 좋게 만드는 강력한 발전 요인이 된다.

물론 이런 식의 다소 진지한 이유만 가지고 우리는 분발할 수 없다. '이성의 관심을 사고 싶다', '부자가 되고 싶다', '동아리에 들어가 마음껏 놀고 싶다' 등등의 불순한 동기가 공부라는 장벽을 훌쩍 뛰어넘게 만드는 실질적 원동력이 돼주기도 한다.

그때
좀 더 공부했더라면……

"어릴 때 공부하지 않으면 죽을 때까지 후회한다."

"고교 시절로 돌아갈 수 있다면 매일 공부만 하고 싶다."

어릴 적부터 내 어머니에게서 귀에 못이 박히도록 들은 말이다. 어머니는 나를 억지로 공부시키지는 않았지만 이 말을 늘 버릇처럼 하셨다. 그런 어머니의 간절한 마음이 결실을 맺은 것인지는 모르겠지만, 여하튼 나는 공부를 잘해서 교토대학에 입학했다. 그리고 대학생활을 하는 동안 어머니가 왜 그토록 "공부해두는 게 좋다"라고 말씀했는지를 이해했다.

대학 입학 후 첫 수업에서 나는 뒷자리에 앉아 있던 26세의 사람과 친구가 되었다. 이후 예상 외로 30대, 40대, 50대, 60대 이상의 사람들과 빈번히 함께 강의를 들었다. 뒤늦게 대학에 들어와 공부하는 사회인이 있다는 것은 알았지만 그처럼 많을 것이라고는 생각하지 못했다. 일단 사회에 진출한 뒤 대학으로 다시 돌아온 사람, 자녀를 다 키운 뒤 입시 준비를 하는 사람, 청강생으로서 강의를 듣는 사람 등등 실로 다양했다. 나는 그들에게 왜 다시 대학에 들어왔는지를 물어보았다. 저마다 사정이 달랐지만 그들에게는 한 가지 공통점이 있었다. 바로 '공부하고 싶어서'였다.

그렇다. 어른이 되면 공부가 하고 싶어진다. 내가 운영하는 메일매거진에도 공부하는 어른들이 많다. 하지만 안타깝게도 학생 시절만큼 공부에 매진할 환경이 못 된다.

내가 현재 개별 지도를 하는 이 중 43세의 H씨가 있다. 그는 현재 의학부 진학을 목표로 처절하게 공부하고 있다. H씨와 처음 전화 통화를 했을 때, 그가 말했다.

"고등학교 시절에는 공부라고는 해본 적이 없습니다. 그런데 마흔이 넘고 보니 그게 가장 후회가 됩니다. 그래서 늦었지만 지금이라도 공부하려는 겁니다."

H씨는 직장인이기에 당연히 여느 학생처럼 공부에만 매달릴 수 없다. 그런 까닭에 그는 마음껏 공부할 수 있는 중·고등학생이 부러워 견딜 수 없다고 한다.

'공부는 하지 않으면 안 되는 것이 아니다. 하고 싶다고 생각하는 것이다.'

여기서도 떠오르는 이 말은 정말 진리이지 싶다. 사실, 나이가 들어도 언제든 공부는 할 수 있다. 이는 대학에서 나랑 같이 공부하는 연장자들이나 특히 20세나 어린 나의 공부법 지도를 기꺼이 받는 H씨가 증명하고 있다.

그 누구보다 굳건한 결의로 공부하고 있는 그들이다! 하지만 그들 앞에는 공부에만 매진할 수 없는 현실적인 문제가 무겁게 놓여 있다. 이 점을 생각해볼 때 공부에 집중할 수 있는 학창 시절에 공부하는 것이 옳다.

Chapter 1 정리

----

1. 공부는 생각처럼 어렵거나 재미없는 게 아니다!

   - 강제적으로 시키기 때문에 싫어진다.
   - 어렵다는 선입관이 공부를 힘들게 만든다.
   - 모든 것은 마음먹기, 하기 나름이다.

2. 공부할 이유는 많다!

   - 입시라는 험난한 장벽을 뛰어넘을 때 자신감을 얻는다.
   - 사회 진출 뒤에도 인생살이에 힘이 되는 '정보 수집 → 계획 입안 →
     실천 & 수정'의 흐름을 익힌다.
   - 인생의 많은 선택지와 만날 수 있다.

3. 공부하는 이유는 뭐가 됐든 OK!

   - 이기적인 이유라도 좋다. 불순한 이유라도 좋다. 그것이 공부하는 동
     기가 되어준다면!
   - 훗날 후회하지 않도록 지금 공부하라. 공부에 몰입할 수 있는 환경을
     최대한 이용하라.

영어 문제집의 올바른 사용법

공부법을 가르치는 일을 하고 있는 내게 학생들이 이런 질문을 자주 한다.

"영어 문제집은 어떤 식으로 공부하는 게 좋을까요?"

대다수 학교는 문법을 정리한 출력물을 나눠주고, 거기에서 중간·기말고사 문제를 출제한다. 또한 영어 문제집 하나를 부교재로 삼아 공통으로 공부한다. 이때 문제집을 어떤 식으로 사용해야 효율적으로 공부할 수 있을까? 내가 실제로 했던 공부법은 다음과 같다.

① 문제를 읽고 답을 고른다.
② 그 답을 고른 이유를 머릿속에 떠올린다.
③ 다음 문제로 나아가지 말고 지금 푼 문제의 정답과 해설을 바로 확인한다.
④ 답을 고른 이유가 맞았다면 OK. 틀렸다면 그 이유를 확인한다.

⑤ 다음 문제로 나아간다.

　이 과정으로 공부해 나아간다. 그리고 확인한 사항은 나중에 같은 과정으로 다시 한 번 풀어본다. 물론 다시 풀었을 때도 틀리거나 이유를 모르겠다면 체크하고 다음번에 또다시 풀어본다. 이 과정을 정답이 맞을 때까지, 정답을 고른 이유를 순식간에 떠올릴 수 있을 때까지 계속 반복한다.

　가장 중요한 포인트는 문제를 바르게 푸는 상태에서 한 걸음 더 나아가 그 문제를 '해설할 수 있는' 상태까지 끌어올리는 것이다. 기본적으로 영어 문제집은 4개(우리는 5지선다이지만 일본은 4지선다이다)의 보기에서 답을 고르게 되어 있다. 완벽하게 끝내고 싶다는 생각에서 여러 차례 동일한 문제를 풀면, 가령 '이 문제의 답은 ⓐ였다'고 외우게 된다. 그러나 실제 시험에서 같은 문제가 똑같은 보기의 순서대로 나오지는 않는다. 따라서 시험에 나온 '유사한' 문제의 정답을 구하기 위해서는 답이 되는 이유까지 포함하여 완벽하게 이해하지 않으면 안 된다. 예컨대 다음과 같은 문제가 있다.

　문제) 빈칸에 들어가는 말은 다음 중 어느 것인가?

　Tom was so tired that he ( ) down and slept.

　　ⓐ lied　　　ⓑ lain　　　ⓒ lay　　　ⓓ laid

정답은 ⓒ이지만, 이것만을 기억해서는 점수로 이어지지 않는다. 문제를 풀 때는 ⓒ가 정답인 이유를 명확히 설명할 수 있어야 한다.

빈칸 다음은 down으로, 목적어가 아니기 때문에 여기서는 '눕다'라는 의미의 자동사가 들어가야 한다. 또한 시제가 과거이기 때문에 과거형이어야 한다. 눕는다는 의미의 자동사는 'lie'로, 그 과거형은 'lay'다. 따라서 정답은 ⓒ이다.

최소한 이런 설명이 가능하도록 공부한다. 가장 이상적인 것은 'lain'은 '눕다'라는 의미의 자동사 'lie'의 과거분사형, 'laid'는 타동사로 '눕히다'라는 의미의 'lay'의 과거·과거분사형, 'lied'는 '거짓말하다'라는 의미의 동사 'lie'의 과거·과거분사형이라고 주어진 보기들까지 해설할 수 있어야 한다.

▶ TIP ◀
문장을 이해하지 못한다!

"문장이 잘 이해되지 않는다"라고 말하는 학생이 의외로 많다. 여기에는 한자를 몰라서 혹은 어구의 의미를 몰라서인 경우도 꽤 포함되어 있을 것이다. 사실, 한자어나 숙어의 뜻을 모르는 사람은 가뜩이나 독해가 어려운 현대문(일본 국어 과목의 하나)이 마치 고전문처럼 느껴질 법도 하다.

최근 유행하는 용어들을 설명해놓은 시사상식 관련 도서들이 많이 나와 있다. 이것은 요즘 자주 등장하는 어휘를 다루고 있어서 읽어두면 매우 유용하다.

현대문은 이런 용어의 의미를 앞뒤 문장으로 추측하는 교과목이라고 할 수 있다. 그런데 용어의 의미를 책에서 그대로 옮겨 적고 달달 암기하는 일은 피곤하다. 그렇다고 책에서 용어의 의미를 눈으로 훑는 정도로는 머릿속에 남지 않는다.

따라서 내가 권하는 방법은, 문제 속에 실제로 사용되는 그 말의 의미를 착실히 조사하는 성실한 태도로 공부하는 것이다. 처음 현대문을 공부할 때의 참고서는 아주 간단한 것이라도 좋다.

여하튼 그 참고서 안에서 전후의 문장으로 추측할 수 없는 것, 자신 있게 설명할 수 없는 용어가 등장하면 곧 사전을 펼쳐 알아본다. 사전을 펼쳐보는 행위를 통해 단순히 책을 읽고 용어를 통째로 암기하는 것보다 훨씬 쉽게 머리에 남고, 또 실제 문장 속에서 어떤 식으로 사용되는지를 몸소 실감할 수 있다.

아무리 쉬운 참고서라도 반드시 문장 하나에 설명하기 어려운 용어가 한 개 정도는 숨어 있다. 따라서 가장 먼저 그것을 찾아내어 일일이 명확히 이해하겠다고 마음먹자. 그것이 현대문을 정복하는 지름길이다.

한편, 용어의 이해 수준이 아닌 단순히 논리력 부족으로 현대문을 이해하지 못하는 사람이 있다. 그들은 고민한다.

"용어의 의미는 대략적으로 안다. 한자어의 의미도 대충 안다. 그런데도 무슨 말을 하는지, 요지가 무엇인지 도통 모르겠다."

그들은 대개 고전문을 읽을 때는 주의해서 주어의 변화와 접속사·접속조사를 살피지만, 현대문을 풀이할 때는 그런 점에 전혀 주의를 기울이지 않는다.

고전문보다 어휘도 많고 더 어려운 내용의 현대문을 읽으면서 어째서 이런 점에 주의하지 않는 것일까? 그것은 '어설

프게 아는 용어라서 대충 읽기' 때문이다.

현대문이 마치 고전문을 읽는 것처럼 어렵다고 말하는 사람도 있지만, 사실 우리는 현대문을 고전문처럼 생각하고 읽어야 한다.

고전문의 논리성과 현대문의 논리성을 비교할 때 백이면 백 현대문이 어렵다고 한다. 그런데 과연 몇 명이나 고전문을 읽을 때처럼 하나하나의 문장을 분해하며 이해하려고 할까?

현대문을 얕잡아봐서는 안 된다. 영어나 고전문의 문장을 읽고 이해할 때처럼, 천천히 읽어나가는 것이 중요하다. 특히 it이나 this에 해당하는 '그것'이나 '이것' 같은 대명사에는 주의를 기울여 읽어야 한다.

이때 현대문을 읽으면서 각자의 마음속에서 '자기 해설'이 이뤄져야 한다. '그것'이라는 단어가 문장에 나왔다면 '대체 그것이 뭐야?' 하며 집요하게 '그것'이 '무엇을 가리키는지'를 찾으러 앞 문장으로 되돌아가야 한다. '~인 것은 왜일까?'라는 말이 나오면 시시콜콜 '왜냐하면'에 해당하는 부분을 찾으러 다음 문장으로 옮겨가야 한다. 그 예로 시험 문제 하나를 살펴보자.

인터넷상에서 가르치는 입장에 있는 사람들은, 특히 어느 정도 유명한 사람들은 타인에 대하여 계몽적인 태도를 취함으로써 일종의 의무감을 가지는 경우도 있을 것이다. 나도 계몽은 필요하다고 생각하지만, 도무지 좋지 않다는 생각을 지울 수 없다. 아무래도 인터넷상에서는 계몽의 힘이 점차 떨어진다. 이것은 때때로 볼 수 있는 현상이다. 게시판이나 블로그에 '○○에 대하여 가르쳐주세요'라고 적으며 가르침을 받으려는 사람에게는 반드시 '가르쳐주는 사람'이 나타난다. 스스로 조사해도 곧 알 수 있는 일임에도 무슨 까닭인지 타인에게 질문한다. 그리고 누군가가 답한다. 그리고 양자가 하나가 되어 강이 하류로 흘러가듯이 더 모르는 사람에게서 모르는 사람에게로 향하는 현상이 있는데, 이것은 난센스가 아닐까 생각한다.

첫 문장부터 읽어간다. '계몽적'이라니 무슨 의미지? 이렇듯 일일이 생각하면서 읽어나간다. 의미를 알면 그대로 진행한다. 하지만 모른다면 그 즉시 사전을 찾아보자. 물론 시험 중에는 단어의 의미를 사전으로 알아볼 수 없다. 하지만 이것은 어디까지나 연습이기에 얼마든지 찾아볼 수 있다.

세 번째 문장에 '계몽의 힘이 점차 떨어진다'라는 추상적 표현이 나온다. 이것도 '뭐야?' 하며 마음속으로 계속 중얼거린다. 실제로 이 표현을 명확히 이해했는지를 묻는 문제가 출제되기 때문에 공부하면서 이렇듯 잠시 제자리에 멈춰서는

습관을 가지면 문제 풀이도 쉬워진다.

네 번째 문장에 '이것은 때때로 볼 수 있는 현상이다'의 '이것'이란 무엇인지도 집요하게 파고든다. 초등학생이나 중학생 무렵의 국어 시험에서는 '이것(혹은 그것)'이 무엇을 가리키는지를 묻는 문제가 대부분이다. 왜 그런 문제를 출제하는가 하면 문장 독해에서 '이것(혹은 그것)'이 매우 중요하기 때문이다. 물론 이 문장의 '이것'이 가리키는 것은 바로 앞의 '계몽의 힘이 점차 떨어진다'이다.

문장을 깊이 파헤쳐 읽는 방법을 다소 미심쩍게 여기는 사람도 있겠지만, 이는 실제로 매우 효과적이다. '자기 해설'을 함으로써 중요하지만 건너뛰려는 자신을, 틀린 부분을 답으로 쓰려고 하는 자신을 잠시 멈춰 세우고 '객관적으로' 문장을 읽는 또 다른 자신과 함께 문제를 푸는 것이다.

현대문을 얕잡아 보지 말고, 그렇다고 너무 두려워하지도 말자. 차근차근 읽는 방법이 최고다.

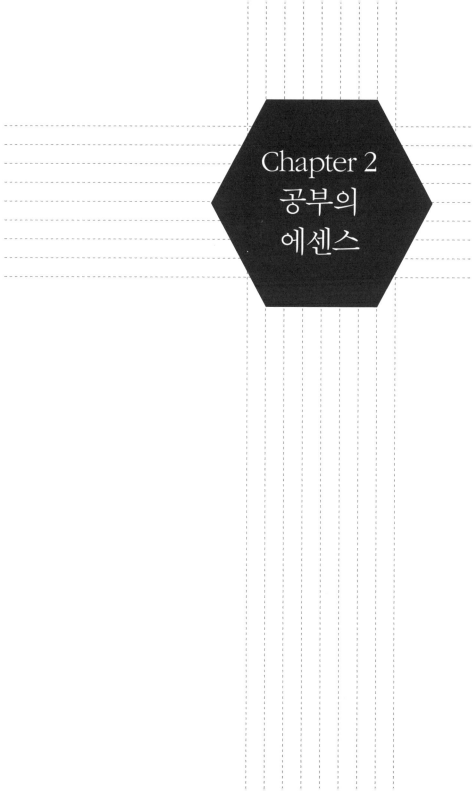

Chapter 2
공부의
에센스

장기기억과
단기기억

　이번 장에서는 학습 성과를 크게 올리는 데 결코 빠뜨릴 수 없는 공부의 '본질'에 관하여 생각해보자.

　기억에는 크게 두 가지가 있다. 하나는 단기기억이고, 다른 하나는 장기기억이다.

　예컨대 서점에서 눈에 들어오는 책을 집어 목차를 훑어본 뒤 105페이지를 읽었다고 치자. 이때 '105'라는 페이지가 머릿속에 남지만, 일정 시간이 지나면 결국 그 수는 까맣게 잊힌다. 이처럼 잠깐 저장되는 기억이 바로 단기기억이다. 한편 자기 이름 혹은 가족 얼굴 또는 자전거 타는 방법 등은 거의 죽을 때까지 머릿속에 남는데, 이렇듯 오래도록 저장되는 기억이 바로 장기기억이다.

　일상에서 접하는 수많은 정보는 일단 단기기억으로 뇌에 각인된다. 그것들 중에서 뇌가 '필요'하다고 판단된 정보만이 장기기억에 입력된다. '이것은 필요 없다!'라고 판단된 정보는 그저 단기기억에 머물다가 일정 시간 뒤 머릿속에서 지워진다.

과연 뇌는 어떤 정보를 '필요'하다고 판단할까? 그것은 목숨과 직결된, 살아가는 데 꼭 필요한 정보이다. 뇌는 그런 정보를 가장 먼저 장기기억으로 보낸다.

당신이 영어 단어를 암기했다고 가정해보자. 시험 보는 날까지 그 영어 단어를 기억하고 싶다면 그것들을 장기기억으로 만들어야 한다. 그러나 뇌는 당신의 의도대로 그것을 필요한 정보라고 판단해주지 않는다. 왜냐하면 <u>영어 단어를 외우지 못한다고 죽지는 않기 때문이다.</u> 이런 양상은 물론 영어 단어에만 국한되지 않는다. 당연히 대학 입시에 필요한 지식 대부분이 뇌에게는 불필요한 정보다. 그러니 뇌는 학습 정보들을 좀처럼 장기기억 영역으로 보내지 않는다.

그렇다면 어떻게 해야 학습한 정보들을 장기기억으로 확실히 정착시킬 수 있을까?

반복보다 더 좋은 암기 방법은 없다

도쿄대학 이케가야 유지 교수는 영어 단어 같은 입시 관련 지식을 장기기억으로 만들기 위해서는 뇌를 속이는 수밖에 없다고 말한다.

결국 뇌에 '이 지식은 살아가는 데 반드시 필요하다'고 믿게 만들어야 하는 것이다. 그러기 위해서는 '반복하여' 입력 처리하는 수밖에 없다고 말한다.

본래 인간의 뇌는 '기억하는' 것보다 '잊는' 데 압도적으로 능숙하다. 교과서에서 읽은 내용이나 수업에서 들은 설명을 단 한 번에 몽땅 기억할 수 있다면 얼마나 좋을까! 공부하는 사람이라면 누구나 한 번쯤은 이런 생각을 해봤을 것이다.

그러나 '잊는' 뇌 기능은 인간에게 꼭 필요한 것이다.

왜냐하면 뇌에는 정보 저장 공간의 한계가 있기 때문이다. 만일 뇌가 보고 들은 것을 모조리 기억한다면, 뇌 용량은 금세 가득 차 포화 상태에 이르고 말 것이다. 이는 동영상이나 음악 파일을 무분별하게 다운로드한 탓에 필수 앱 등 정작 필요한 것을 저장하지 못하는 용량 초과의 스마트폰과 다르지 않다.

무엇보다 '잊는' 뇌 기능은 우리를 구원해주기도 한다. 만일 슬픈 일, 혹독한 체험, 악몽 같은 사고 등등 과거의 고통스런 기억들이 계속 고스란히 떠오른다면 하루하루가 얼마나 힘겨울까.

좋든 싫든 어쨌든 인간은 망각의 동물이다. 어느 정도는 기억을 놓칠 수밖에 없는 존재인 것이다. 그럼에도 어떤 정보를 어떻게 암기하느냐에 따라, 즉 필요 정보를 반복 암기함으로써 그것을 쉽게 장기기억으로 정착시킬 수 있다.

자, 지금부터 이 책의 본론으로 들어가 보자.

암기를 잘하는 방법,
어떤 방식으로 암기해야 할까

기억력의 개인차는 사실 그리 크지 않다. 거듭 말하지만 우리는 모두 망각의 동물이니까. 그럼에도 실생활에서 누군가는 암기를 잘 못하는 반면 누군가는 기가 막히게 잘한다. 왜 그런가?

잘 외우는 사람은 효율적으로 암기하는 방법을 알고 있다. 무의식적이든 의식적이든 이른바 머리가 좋은 사람은 효과적으로 암기하는 법을 알고 있다. 차이는 단지 그뿐이다.

과연 효과적으로 암기하는 법이란 무엇일까? 어떻게 해야 암기를 잘 할 수 있을까? 비법은 바로 반복이다. 그렇다면 '어떻게 반복하면 좋은지'에 대하여 이제부터 구체적으로 알아보자.

확실히 암기하는 법,
네 번 복습

　나는 메일매거진 구독자나 학원 학생들에게 네 번 복습을 권한다. 필요한 지식을 암기하고 싶을 때 네 번 반복하여 복습하는 것이다.

　'암기'에 관한 이야기를 할 때 반드시 거론되는 것이 있다. 바로 에빙하우스 망각곡선이다.

　이것은 무의미한 단어를 기억하는 실험에서 도출된 것으로, 암기한 정보를 잊는 속도를 표로 나타낸 그래프다. 선천적인 기억력에는 거의 차이가 없는 것처럼 망각곡선 또한 같은 양상이다.

　무의미한 단어를 암기할 때 누구나 일정 비율로 잊는다. 그런데 망각곡선을 보면 흥미로운 사실 하나를 발견할 수 있다. 그것은 기억한 '직후'에 잊어버린다는 사실이다. 대개 공부에 매진하겠다는 각오로 급히 학습 진도를 나아가는데, 일단 잠시 멈추자.

암기한 직후, 가장 까먹기 쉬운 타이밍에서 한 차례 복습을 하자. 그렇게 할 때 기억의 효율은 현저히 좋아진다. 30분, 60분마다 공부한 것을 반복하는 습관을 가지자. 복습 시간은 5~10분 정도가 적당하다.

[에빙하우스의 망각곡선]

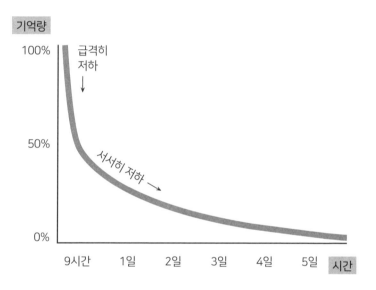

자는 동안에
기억이 정리된다

효과적인 암기를 위해서는 반복이 필수이고, 가장 잊기 쉬운 암기 직후에 첫 번째 복습을 하는 것이 좋다고 했다. 그렇다면 그 이후에는 어떻게 복습하는 것이 좋을까?

두 번째 복습 타이밍은 잠자리에 들기 직전이다. 잠자기 직전에 기억한 것은 쉽게 장기기억으로 정착되기 때문이다.

하루 동안 공부한 내용을 다시 돌아보는 시간을 갖자. 하루 얼마나 공부했는지에 따라 다르지만 대개 30분에서 60분 정도로 그날 공부한 내용을 복습하는 것이 좋다. 이런 식의 두 번째 복습으로 기억을 강화하자.

아침에
세 번째 복습을 한다

세 번째 복습 타이밍은 다음 날 아침이다. 세 번째 복습은 잠자는 동안에 장기기억으로 분류되지 못한 것을 확인하는 과정이다. 이를 통해 잊은 것을 체크하고 다시 외운다.

물론 아침마다 복습 시간을 여유롭게 갖는 것이 그리 쉬운 일은 아니다. 일어나기 무섭게 등교를 해야 하고 출근을 해야 할 테니까 말이다.

그럼에도 아침의 복습 시간을 꼭 가져야 한다. 아침에 복습하면 공부 효율이 대폭 상승한다. 등교하는 동안, 출근하는 동안만이라도 좋다. 반드시 아침에 전날의 학습에 대한 세 번째 복습을 하자.

복습 시간으로 가능하다면 60분, 적어도 30분은 할애하자.

주말에
네 번째 복습을 한다

네 번째 복습은 주말, 특히 일요일에 한다. 한 주 동안 공부한 것을 전체적으로 복습한다. 네 번째 복습은 충분히 시간을 들인다. 시간이 허락하는 한 그 주에 공부한 것을 완벽하게 익히겠다는 생각으로 복습한다.

여기까지 살펴본 네 번의 복습 방법을 정리해보면 다음과 같다.

◆ 공부한 직후에 학습 내용을 다시 훑어본다. 첫 번째 복습 (5~10분)

◆ 잠자기 직전에 오늘 공부한 내용을 전체적으로 복습한다. 두 번째 복습(30분~60분)

◆ 다음 날 아침에 어제 공부한 내용을 복습하고 잊어버린 것을 재확인한다. 세 번째 복습(60분 정도)

◆ 주말에 일주일 동안 공부한 내용을 한 차례 복습한다. 네 번째 복습(시간이 허락하는 만큼)

이런 흐름으로 복습한 뒤에도 기억하지 못한 부분이 있다면 그 사항을 다섯 번째, 여섯 번째 복습을 통해 암기한다. 이 정도로 집요하게 반복하여 복습하면 반드시 장기기억으로 남길 수 있다.

그런데 이 네 번 복습에 관하여 누군가는 고개를 갸웃할 것이다.

'그렇게 복습만 하다가 어느 세월에 진도를 나갈까?'

이러한 의구심을 갖는 까닭은 입시 문제가 어려운 대학에 합격하기 위해서는 고난도의 참고서를 여러 권 공부해야 한다고 생각하기 때문이다. '빨리 공부하고 또 다른 참고서를 공부해야 한다!', '다음 문제집을 풀어야 한다!' 등등의 조바심을 내기 때문이다.

그러나 이는 잘못된 생각이다. 내가 설명하는 복습 방법은 매일의 학습 진도를 지체시키지 않는다. 오히려 학습 내용을 기억으로 정착시키는 효율성이 복습하지 않을 경우에 비하여 현저히 높기 때문에 결과적으로는 성과를 얻기까지의 시간을 단축시킨다.

모처럼 공부한 것도 복습하지 않으면 잊는다. 당연히 시험 문제가 나와도 제대로 답할 수 없다.

암기한 것을 장기기억으로 정착시키기 위해서는 외운 지 얼마 지나지 않은 시간 내에 반복하여 복습하는 것이 효과적이다. 쇠는 뜨거울 때 두드려야 한다. 또 급할수록 돌아가야 하는 법이다!

지금부터 네 번의 복습을 도입해보자.

이름도
까먹을 수 있다

　지금까지 반복 복습의 중요성과 그 필요성에 대해 생각해봤다. 기억에는 단기기억과 장기기억이 있고, 실제 시험에서 암기한 내용을 떠올리기 위해서는 단기기억을 장기기억으로 만들어야 한다고 말했다.

　그러나 장기기억으로 만들었다고 해서 모든 문제가 해결되는 것은 아니다. 그 이유를 설명하기 위해 S씨의 일화를 소개해볼까 한다.

　S씨는 고등학생 시절 1년간 해외 유학을 다녀왔다. 그때 그는 온전히 영어를 배우기 위해 모국어인 일본어로 된 책이나 물건은 일절 곁에 두지 않았다. 그는 1년간 일본어로 말하고 들을 기회를 거의 차단했다.

　그렇게 1년 동안 열심히 공부한 결과 그의 영어 실력은 일취월장했다. 그런데 귀국 직후 그는 황당한 경험을 하게 되었다. 그는 미국 유학을 가기 전에 통신 서비스를 해약했기 때문에 먼저 휴대전화를 다시 개통해야 했다. 1년간 눈부시게 발전한 휴대전화 기술에 감탄을 금치 못하면서 그는 휴대전화 개통 계약서를 받아 들었다. 계약서 성명란에 이름을 적으려는 순간 그는 심히 당황하고 말았다. 자신의 이름 한자가 전혀 떠오르지 않았던 것이다. 그는 한동안 깊이 생각한 뒤에야 간신히 한자 이름을 떠올릴 수 있었다.

아웃풋의
중요성

S씨의 일화에서 보듯, 비록 완벽히 암기하여 장기기억으로 정착시켰을지라도 오랫동안 사용하지 않으면 해당 정보를 떠올릴 수 없게 된다.

물론 S씨는 필요 정보를 완전히 떠올리지 못한 것은 아니었다. 잠시 시간을 보낸 후 계약서가 요구하는 자신의 이름을 쓸 수 있었다.

그러나 이것이 역사에 등장하는 인물 이름이나 왕조 이름이었다면 어땠을까? 영어 단어나 고문 단어, 혹은 한문의 문구, 이과 과목의 공식이었다면 어땠을까? 그 같은 지식을 시험 당일 잊어버려 떠올리지 못했다면?

일상에서 이러한 사태가 벌어질 확률은 매우 높다. 그래서 필요한 것이 평소 아웃풋을 반복하는 일이다. 아웃풋이란, 결국 밖으로 끄집어내는 것이다. 암기한 정보를 사용하여 실제로 문제를 풀거나 누군가에게 설명하는 아웃풋 과정은 학습하는 데에서 대단히 중요하다.

공부는 지식을 암기하는 인풋만으로는 충분하지 않다. 왜냐하면 머릿속에 있는 지식이라도 주어진 보기를 보고 '이것이 답!'이라고 떠올릴 수 없다면 외우지 않은 것과 같기 때문이다. 모처럼 고생하여 암기해도 시험에서 떠올릴 수 없다면 무의미하다.

무언가를 외울 때는 늘 '아웃풋'을 의식하고 공부하자. 아웃풋의 중요성을 알았다면, 이제 어떻게 아웃풋을 할 것인지 그 구체적인 방법을 살펴보자.

아웃풋을 하는
구체적 방법

아웃풋을 하는 방법 중 가장 먼저 해봐야 하는 것은 '문제 풀이'다. 이때 중요한 것은 자신이 잘 풀었는지를 눈으로 직접 확인하는 것이다. 아웃풋은 암기한 기억을 끄집어내는 연습인 동시에 암기했는지를 확인하는 작업이기도 하다.

특히 문제가 객관식이라면 정말로 잘 이해하고 있는지에 주의할 필요가 있다. 감으로 정답을 고른 경우도 있기 때문이다.

그러나 동일한 문제가 실제 시험에 출제되어도 100퍼센트 답을 맞힌다고는 장담할 수 없다. 따라서 감으로 보기를 고른 문제는 그 시점에서 표시해두는 것이 좋다. 그것은 답을 맞힐 때 확실히 해설을 읽고 확인하기 위해서다.

그리고 무엇보다 주의할 점 한 가지가 있다. 그것은 다음과 같다.

'문제를 풀기만 해서는 안 된다!'

혹시 당신은 문제집을 다 풀고 나중에 답을 확인하는 유형인가?

많은 사람이 문제집을 일괄적으로 풀고 난 뒤 한꺼번에 답을 확인한다. 이는 얼핏 시간을 단축하여 효율적으로 공부하는 것처럼 보인다. 하지만 실제로는 그 반대다. 그 이유는 이미 앞에서 얼핏 설명했다. 맞다. 정보는 바로 암기한 그 직후에 가장 잊기 쉽다. 같은 맥락이다. 문제를 풀고 답을 확인할 때까지 오랜 시간이 걸리면 '문제를 풀었다'는 것 자체를 잊는다. 결국 답을 확인하는 의미가 반감된다.

문제 풀기와 답 확인하기는 가급적 문제를 푼 직후, 늦어도 그 날 중에 하는 것이 바람직하다.

이과 과목의 아웃풋,
그리고 주의할 점

　이과 과목을 공부할 때 결코 빠뜨릴 수 없는 것이 문제 풀이다. 수학이나 과학을 공부할 때, 어느 정도 그 분야에 대하여 이해하면 당연한 수순으로 문제 풀이를 한다. 그때 문제를 풀지 못하면 해설을 꼼꼼히 읽고 풀이 방법을 이해하게 된다. 문제는 바로 그 뒤다. 먼저, 자신의 공부 스타일을 돌아보자. 모르는 문제의 풀이 해설을 읽고 이해한 뒤에 어떻게 하는가?

　대다수 사람은 다음 문제를 풀거나 잠시 쉬었다가 공부하는 방법을 택한다. 그러나 이런 방식은 결코 효율적이지 않다. 물론 이해한 문제를 완전히 풀게 된다면 그보다 좋은 일도 없다. 그런데 실상은 그렇지 못하다.

　사실, 이해하고 '풀 수 있을 것 같다'는 착각에 사로잡히는 경우가 더 많다. 그 같은 착각을 미연에 방지하기 위해서라도 아웃풋, 즉 다시 풀어보는 것이 좋다.

그것은 그대로 복습이 되기도 한다. 그렇게 장기기억이 되는 확률을 높인다. 이해한 뒤 다시 문제를 푸는 방법은 일석이조의 효과가 있다.

완벽하게 문제를 풀었다면 다음 문제로 나아가도 좋다. 다시 풀어도 여전히 모르겠다면 정답 해설을 병행하여 보면서 그것을 힌트로 풀어가자.

그래도 여전히 풀지 못했다면 정답 해설을 일일이 이해하면서 옮겨 적는 것도 좋은 방법이 될 것이다.

이해하지 못한 부분을
명확히 한다

공부 중에 해설을 읽어도 이해하지 못하는 일은 흔히 있게 마련이다. 여기서 다음 두 가지를 명확히 하는 것이 중요하다.

◆ 모르는 부분
◆ 모르는 이유

예컨대 수학 문제를 풀지 못하여 해설을 읽었고, 그럼에도 모르겠다면 한번 정리해보자.

모르는 부분 → 해설 네 번째 줄의 수식
모르는 이유 → 이 수식은 어떻게 나온 것인지 모르겠다

이런 식으로 분명히 '모르는 부분'과 '모르는 이유'를 적어보

는 것도 좋은 방법이다. 그동안 그냥 모르는 상태에서 그치고 지나쳤다면 오늘부터 공부할 때 '모르는 부분'과 '모르는 이유'를 명확히 따져보자.

모르는 부분과 그 이유를
명확히 인지했다면 건너뛰어도 좋다

이것도 이과 과목에 해당하는 것인데, 모르는 문제와 마주했을 때 굉장히 오랜 시간을 들여 문제 풀이를 하는 사람이 있다.

정답 풀이를 보고도 이해하지 못하면 이후에도 오래도록 생각에 잠긴다. 2~3분 정도 생각하는 것이라면 상관없지만, 한 문제에 10분, 20분의 시간을 들이는 것은 그리 효과적이지 못하다. 모르는 문제를 풀기 위해 생각하는 시간은 얼핏 머리를 쓰는 것처럼 보인다. 그러나 실제로는 그렇지 않은 경우가 많다. 생각하는 듯 보이지만 실제로는 많은 시간 동안 그저 멍하니 있을 뿐이다.

사실, 대학 입시 수준의 문제쯤 되면 '이해하지 못하는' 것이 아니라 '모르는' 경우가 더 많다. 수학이라면 풀이 방법의 패턴이나 공식의 사용법 등을 알면 풀 수 있는 문제가 대부분이다. 그 외의 문제도 알고 있는 지식을 조합하여 풀 수 있다. 그런데 애당초 그 '지식'을 모르면 이런저런 생각을 해도 답을 구할 수 없다.

문제를 풀고 막혀버렸을 때 2~3분 정도 생각해보고 그래도 모르겠다면 즉시 정답 풀이를 보자(수학 문제도 단순히 알고 있는지를 묻는 것이라면 30초 정도 생각해보고 풀이를 봐도 좋다).

만일 정답 해설을 봐도 이해하지 못하겠다면 모르는 부분과 그 이유를 명확히 따져두고 즉시 학교 선생님 등에게 질문하자. 이때 '어느 부분을 왜 모르는지'를 분명히 하여 질문하면 선생님 등이 정확히 조언해줄 수 있을 것이다.

공부가 싫어지는 가장 큰 이유로 '모른다'는 고통을 꼽을 수 있을 것이다.

모르는 문제에 많은 시간을 들여 매달려 있을수록 공부는 더욱 싫어지게 마련이다. 그러나 '모르는' 것을 분명히 하고 조언 등을 통해 이해할 수 있다면 공부는 해볼 만한 것이 된다. 개중에는 수학 같은 문제를 스스로 납득할 때까지 깊이 생각하거나 자력으로 이해하는 쾌감을 즐기는 사람도 있을 것이다.

그런데 모든 시험에는 시간제한이 있다. 그 시간 내에 풀지 못하면 점수를 받지 못한다. 또한 시험 일자까지의 시간과 일수도 한정되어 있다. 하물며 다른 과목에서도 좋은 점수를 받지 않으면 안 된다. 따라서 모르는 문제에 하염없이 많은 시간을 사용하지 않도록 주의하자.

이해하지 못하는 부분이 많다면
멀리 돌아가자

지금 보고 있는 참고서나 문제집이 어렵다면, 그래서 이해하지 못하는 부분이 많다면 조금 쉬운 수준의 교재로 바꿀 필요가 있다.

내가 학생들에게 공부를 가르치면서 실감한 것은 '자신의 학습 능력에 맞게 공부해야 한다'는 사실이었다. 많은 학생들, 수많은 메일매거진의 독자들이 내게 '공부를 해도 성적이 오르지 않는다'는 고충을 토로하곤 한다. 그들과 이야기하자면 그 원인이 금세 드러난다. 결국 자신의 수준에 맞지 않는 공부를 하고 있기 때문에 학습 성과가 시원찮은 것이다.

입시 수준의 학습 내용을 소화하려면 차곡차곡 쌓인 기초 지식이 전제되어야 한다.

대표적 교과목인 영어를 예로 들어보자. 고등학교 3학년 중에도 중학 영어를 제대로 이해하지 못하는 학생이 정말로 많다. 고교 영어는 중학 영어를 기초로 한다. 그 때문에 중학 영어를 이해하지 못한 채 고교 영어를 공부해봤자 성적이 오를 리 없다.

이보다 더 까다로운 것은 국어다. 중학교 과정의 한자나 문법을 모르면 고등학교 현대문을 절대로 이해하지 못할뿐더러 문제를 풀 수도 없다.

중학교 과정의 국어 지식을 당연히 알고 있다는 전제 아래에서 문제가 성립되기 때문이다. 게다가 국어 영역의 능력 부족은 국어 외의 타 과목에도 지대한 영향을 미친다. 중학교 한자를 모르면 사회 과목뿐 아니라 이과 과목의 학습 진도도 더딜 수밖에 없다.

이런 사태는 다른 과목에서도 똑같은 양상으로 벌어진다. 이러한 수준에 머물러 있다면 멀리 돌아간다는 각오로 공부할 필요가 있다.

난이도가 낮은 수준으로 돌아가는 것은 결코 시간 낭비가 아니다. 억지로 꾸역꾸역 공부하는 것보다 오히려 목적지에 더 빨리 도달하는 지름길이 된다.

혹시 지금 학습 진도가 너무 더딘가? 그렇다면 지금 부딪치고 있는 학습 수준이 너무 높은 것은 아닌지 냉철히 따져보자. 버겁다면 저난이도로 수준을 과감히 낮춰서 천천히 돌아가보자.

성적이 오르는 나의 제자들 중 기초를 소홀히 하는 학생은 단한 명도 없다. 중학교 과정을 다시 공부하는 게 좋겠다고 판단하면 그들은 당장 서점으로 가 중학교 참고서를 산다.

나는 고3 제자 한 명에게 중학교 과정의 영어를 다시 공부시킨 적이 있다. 고등학교 과정의 어려운 영어 단어는 꽤 잘 알고 있는데, 중학교 과정의 단어나 숙어를 모르는 경우가 너무 많았기 때문이다. 그 학생은 중학생들이 고등학교 입시용으로 사용하는 영어 단어장을 구입하여 단숨에 머릿속에 집어넣었다. 그러자 영어 진도가 무서울 만큼 빨라졌고, 결국 대학 입시 센터 시험(보통 1월 13일 이후 첫 번째 토요일과 일요일 이틀에 걸쳐 진행되는 일본 대학의 일반적인 입학 시험)에서 168점을 받았다. 멀리 돌아간 덕분에 이 같은 역전도 가능했던 것이다.

Chapter 2 정리

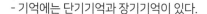

1. 기억의 구조

- 기억에는 단기기억과 장기기억이 있다.
- 단기기억은 짧은 기간에 잊어버리는 것으로, 정보는 먼저 이 영역에 머문다.
- 장기기억은 비교적 긴 기간 동안 저장되는 것으로, 단기기억에서 '필요하다'고 판단되는 정보만 이 영역으로 옮겨진다.
- '필요한 = 목숨과 관련된' 지식이 장기기억이 되기 때문에 영어 단어 같은 지식은 좀처럼 장기기억으로 정착시키기 어렵다.
- 그래서 필요한 것이 '반복'이다.

2. 반복하는 방법과 암기하는 방법

- 암기 방법을 궁리함으로써 반복하는 횟수가 줄어 편해진다.
- 네 번 반복으로 기억을 강화하자.

- 기억한 직후가 가장 쉽게 잊히므로 먼저 여기서 첫 번째 복습을 한다.
- 다음으로 수면 중 기억이 정리되는 것에 대비하여 잠자리에 들기 전 두 번째 복습을 한다.

- 그리고 수면 중에 기억이 얼마나 정착했는지 확인하기 위해 아침에 세 번째 복습을 한다.
- 이때 기억하지 못하는 것은 다시 한 번 암기하여 장기기억으로 만든다.
- 네 번째 복습은 주말, 특히 일요일에 한다.
- 일주일 동안 공부해온 내용을 완벽히 기억하기 위하여 시간이 허락하는 한 한꺼번에 복습한다.

- 멀리 돌아간다는 마음으로 복습하자. 사실, 복습을 철저히 하지 않으면 더 멀리 돌아가게 된다. 따라서 급할수록 돌아가자!

3. 아웃풋을 하는 방법

- 아웃풋은 암기한 것을 끄집어내는 연습이고, 기억했는지 못 했는지를 확인하는 작업이기도 하다.
- 객관식 문제에서는 자신이 정말로 아는지에 주의한다.
- 직감으로 푼 문제는 답을 확인할 때 좀 더 꼼꼼히 정답 해설을 읽는다.
- 또한 문제는 푼 채로 그대로 둬서는 안 된다.
- 문제를 풀고서 답을 확인하는 것은 늦어도 그날 중에 끝내자.
- 이과 과목에서 문제를 풀지 못했을 때 '풀 수 있을 것 같다'는 착각에 빠지지 않도록 다시 한 번 풀어보자.
- 문제를 다시 풀면 그것이 그대로 복습이 된다.

4. 모르는 부분의 인지

- 모른다면 '모르는 부분'과 '모르는 이유'를 명확히 인지한다.
- 막힐 때는 2~3분 생각해보고 그래도 모르겠다면 즉시 정답 해설을 본다.
- 그래도 이해할 수 없을 때는 모르는 부분과 이유를 명확히 따져보고 선생님 등 누군가에게 묻자.
- 모르는 부분이 많다면 멀리 돌아가는 것도 한 방법이다.
- 입시 공부는 단계별 지식의 축적이 필요하다.
- 기초가 마련되지 못하면 그 상위 응용은 불가능하다.
- 멀리 돌아가는 것이 사실은 지름길이다!

Chapter 3
누구나
이끌어낼 수 있는
의욕과 집중력

의욕이 생기지 않는 것이
최대 고민

내가 발행하는 메일매거진에서 설문 조사를 실시한 적이 있다.

'공부하는 데에서 당신의 고민은 무엇입니까?'

이 질문에 약 1천 명의 독자가 답을 주었는데, 그중 70퍼센트 이상이 두 가지 고민을 토로했다.

'공부할 마음이 좀처럼 생기지 않는다!'

'공부하는 데 집중력이 지속되지 않는다!'

한편, '의욕이 충분히 있다'라고 답한 이들에게 '하루 몇 시간을 공부하는지'를 물었을 때 '하루 1시간도 못 한다'는 대답이 꽤 많았다. 그만큼 의욕을 가지고 집중력을 발휘하면서 지속적으로 공부하기란 사실 어려운 일이다.

예를 들어, 여름방학 과제를 생각해보자. 여름방학이 시작되기 전에는 '이번만큼은 일찌감치 과제를 끝내고 신나게 놀자!'라고 생각하지만, 막상 여름방학이 시작되면 전혀 할 마음이 생기지 않는다. '일단 만화책으로 기분 전환 좀 하고 내일부터 하자!'라는 생각이 슬금슬금 의욕을 갉아먹는다. 그러고는 급기야 매일매일 계속 미루고 만다. 그러다 문득 여름방학이 한 주밖에 남아 있지 않음을 깨닫고 엄청나게 후회하며 허겁지겁 벼락치기로 과제를 한다. 이러한 경험이 누구에게나 있을 것이다. 나 역시도 그랬다.

사실, 이러한 양상은 어쩔 수 없는 일이다. 인간은 원래 장기적인 욕구보다 단기적인 욕구를 우선하도록 프로그램 되어 있기 때문이다. 따라서 '숙제를 끝내고 홀가분한 마음으로 여름방학을 즐기자'라는 마음보다 '지금 재미있는 만화책부터 읽자'는 욕구가 우선한다.

공부하는 데에서 '의욕'과 '집중력' 두 가지를 자유자재로 제어하기 위해서는 그 요령을 알아야 한다. 이번 장에서는 즉각적으로 실천할 수 있으면서도 단연코 효과적인 방법을 소개하고자 한다.

그 요령에 의거하여 '이거라면 나도 할 수 있겠다!' 하는 것은 뭐든 좋으니 그것을 당장 실천해보자. 틀림없이 당신에게 딱 맞는 방법을 찾을 수 있을 것이다!

뇌의
측좌핵

'작업 흥분'이라는 것이 있다. 이는 독일의 정신의학자 에밀 크래펠린(Emil Kraepelin)이 정립한 의욕의 메커니즘이다. 이는 '귀찮다고 생각했던 것도 막상 시작하면 몰입하는' 그런 상태를 말한다.

청소 같은 단순 작업은 시작하기 전에는 번거로워서 하기 싫지만, 막상 시작하면 구석구석 완벽히 청소하게 된다. 왜 이런 일이 일어나는 것일까?

'측좌핵'은 의욕과 매우 관련이 있는 뇌 부위이다. 이것이 활동하면 의욕이 솟구치는데 이때 공부에 온전히 힘을 쏟을 수 있다.

그런데 이 측좌핵은 행동을 취하지 않으면 실제로 움직여주지 않는다. 공부든 작업이든 일단 시작할 때 측좌핵도 움직인다. 그때 우리는 의욕적이 된다. 이것이 바로 작업 흥분이다.

결국 '의욕이 생겨서 공부하는' 것이 아니라 '공부를 시작하니 의욕이 생기는' 것이다. 이러한 설명에 분명 누군가는 "공부를 시작하는 것이 어렵다!"라고 말할 것이다. 그래서 내가 제안하는 것이 '1초 공부법'이다.

1초
공부법

의욕이 생겨서 공부하는 것이 아니라, 공부를 시작해서 의욕이 생기는 것이라고 말했다.

그런데 머리로는 알아도 좀처럼 책상 앞에 앉지 못하는 게 공부라는 것이다. 여기서 한 가지 질문에 답해보자.

'당신은 얼마나 공부해야 공부 좀 했다고 생각하는가?'

최소 30분? 못해도 60분? 대개는 이러한 답을 내놓을 것이다. 반면 '단 1초를 공부해도 공부!'라고 답하는 사람은 많지 않을 것이다.

은연중에 우리는, 공부는 꽤 오랜 시간 해야만 한다는 생각을 가지고 있다. 이러한 생각이 공부 의욕을 억누르는 요인으로 작용한다. 그러므로 생각을 전환하자. 공부할 마음이 생기지 않을 때 '1초라도 좋으니 공부하자!'라는 마음을 가져보자.

1초 동안 공부해보고 '하기 싫다'는 생각이 들면 그만두겠다

<u>는 마음으로 가볍게 해본다.</u> '1초'는 짧은 시간이므로 홀가분한 마음으로 편안하게 공부를 시작할 수 있을 것이다. 만일 1초를 공부해보고 조금 더 할 수 있을 것 같다면 10초, 20초로 시간을 점차 늘려간다.

4분간 지속하면
대성공!

자, 당신은 '1초 공부법'을 사용하여 어쨌든 공부를 시작할 수 있었다. 다음 단계는 공부를 '1분간 지속하는' 것이다.

첫 4분간 공부를 지속할 수 있다면 작업 흥분에 의해 측좌핵도 슬슬 움직이기 시작한다. 이것은 미국의 심리학자 레너드 주닌(Leonard Zunin)이 주장한 '처음 4분간(The First Four Minutes, 모든 일에서 첫 4분이 중요하다는 의미)'이라는 법칙이다.

여기서 중요한 것은 공부를 시작할 때 '어렵지 않은' 것을 선택해야 한다는 점이다.

공부를 시작하자마자 곧바로 뇌가 활발히 움직이는 것은 아니다. 측좌핵이 겨우 무거운 엉덩이를 들고 일하려 할 때 돌연 어려운 수학 문제를 풀거나 긴 현대문을 읽는다면 계속 공부하려는 마음이 당연히 사라져버릴 것이다.

그렇다면 어떤 공부부터 시작하는 것이 좋을까?

공부를 시작할 때 추천하는
베스트 방법 세 가지

1. 일단 이해한 문장을 소리 내어 읽는다.

소리 내어 읽기(음독)는 매우 효과적인 공부법이다. 상세한 내용은 Chapter 4에서 설명할 텐데, 여기서는 공부를 시작할 때 권하는 공부 방법으로 설명할까 한다.

한 번 이해한 문장을 소리를 내어 읽는 것이다.

예컨대 200~300단어 정도의 영문을 한 번 소리 내어 읽으면 좋다. 영어뿐 아니라 고문, 한문, 지리, 역사 같은 암기 과목에도 좋다. 마치 스스로 선생님이 된 것처럼 큰 목소리로 또랑또랑 소리 내어 읽어보자.

소리 내어 읽으면 기억력 향상, 집중력 향상, 뇌의 활성화 등등의 긍정적 영향이 따라온다. 따라서 공부할 때 음독으로 시작하면 좋다.

내가 가르치는 학생들에게도 공부를 시작한 첫 10분 동안 영어 문장을 음독하는 것을 습관화했더니 공부에 집중하는 시간이 대폭 향상되었다. 이후 영어뿐 아니라 전 과목에서도 집중 시간이 조금씩 올랐다.

2. 일단 공부한 내용을 복습한다.

복습의 중요성은 Chapter 2에서 자세히 설명했다. 여기서는 복습으로 공부를 시작하는 방법을 설명할 것이다.

예컨대 지금부터 수학을 공부하려 한다면 처음부터 새로운 문제를 푸는 것이 아니라 복습으로 한 번 풀어본 문제에서부터 출발하는 것이다.

일단 풀었고 해설도 읽은 문제이기 때문에 어렵지 않을 것이다. 이런 식으로 공부를 시작하면 원활히 이어나갈 수 있다.

수학뿐 아니라 다른 과목에서도 마찬가지다. 전날 공부한 범위를 가볍게 복습하는 것으로 공부를 시작하면 좋을 것이다.

3. 단어 체크.

영어 단어나 고문 단어 등 단순한 암기 어휘를 체크하는 것으로 공부를 시작해도 좋다.

단어 확인은 확실히 암기했는지를 확인하고, 외우지 못한 단어가 있다면 다시 암기하는 것이다. 갑자기 어려운 긴 장문을 읽는 것보다 가볍게 시작할 수 있다.

다음 날 공부할 것을
미리 준비한다

'1초 공부법'은 일단 공부를 시작하기 위한 방법이다.

그 외에도 좀 더 쉽게 공부를 시작하여 몰입하는 방법이 있다.

그것은 그날 중에 다음 날 공부할 것을 미리 준비해두는 방법
이다.

'공부를 시작하는 것이 귀찮다!'는 마음이 드는 까닭은 무엇을
공부해야 할지 생각하는 것이 성가시거나 공부하기 위한 준비
가 귀찮기 때문이다. 그러나 그날 중에 다음 날 공부할 것을 미
리 준비해두면 그런 마음을 없앨 수 있다.

학교에서 귀가하면 책상 위에 공부할 교재를 정하고 학습할
부분을 펼쳐놓는다. 필기도구도 확실히 준비해둔다. 이 같은 약
간의 노력이 좀 더 쉽게 공부할 수 있게 만들어준다.

# 교복을 입은 채로
공부한다

학교에서 돌아와 할 일 없이 시간을 보내는 사람이 의외로 많다. 지금껏 그런 식이었다면 이제부터 교복을 입은 채로 공부를 시작해보자. 집에 도착해 손을 씻고 양치질을 한 뒤 곧장 공부를 시작하는 것이다.

교복을 벗고 편안한 평상복으로 갈아입으면 돌연 긴장도 풀린다. 그 상태에서 저녁 식사 시간이 되고, 배불리 먹은 뒤 휴식을 취하고, 이후 목욕을 하는 식으로 시간을 보내면 밤 11시가 우습게 훌쩍 지나가버린다.

하교하면서 집에 가면 '열공'을 다짐했는데 실제로 공부를 시작하는 것은 몇 시간이 지난 뒤다.

시간이 지나서 허겁지겁 공부를 시작하면 그나마 낫다. 그러나 대개는 '오늘은 이미 시간이 많이 흘렀고, 피곤하니 내일부터 분발하자' 하며 다음 날로 미루기 일쑤다.

따라서 귀가하더라도 교복을 입은 채로 책상 앞에 앉아 공부를 이어 하는 습관을 들이자.

시험 전날
돌연 청소하고 싶어지는 이유는?

평소에는 굉장히 귀찮은 청소인데 시험 전날이 되면 돌연 청소가 하고 싶어진다. 왜 그럴까?

사실, 이 심리는 '셀프 핸드캐핑(Self-handicapping)'이라는 방어본능 중 하나다. 자신이 실패하기 쉬운 상황을 미연에 만들어냄으로써 실패했을 때의 적절한 이유로 삼는 것이다. 실패했을 때에 '그럴 만한 이유가 있었다. 그것만 없었다면 잘할 수 있었다!' 하는 식으로 자신을 상처 입지 않도록 지킨다. 그때 청소하지 않았다면 시험에서 좋은 점수를 받았을 것이라고!

'따라서 이것은 내 실력이 아니다.'

이것이 시험 전날 청소하고 싶어지는 이유다.

이는 청소 외의 다른 것에도 적용된다. 시험 전날 무슨 까닭에서인지 만화책이 읽고 싶어지거나 여러 번 읽었던 소설이나 녹화해두고 미처 보지 않은 TV 드라마가 보고 싶어진다.

분명한 것은 셀프 핸드캐핑으로 자신을 지키는 일은 일시적이라는 사실이다. 반드시 나중에 큰 후회가 밀려온다. 게다가 이것은 실제로 잘 해낼 수 있는 사람일수록 빠지기 쉬운 방어본능이다.

셀프 핸드캐핑에 사로잡힐수록 공부는 당연히 잘할 수 없다. 공부뿐만 아니라 모든 일에서 성공할 확률이 낮아진다. 그러므로 공부할 의욕을 이끌어내기 위해서는 셀프 핸드캐핑을 멈출 대책을 마련해야만 한다.

만일 당신에게 시험 전날 불현듯 청소를 시작하거나 만화를 읽는 버릇이 있다면 먼저 그런 태도를 스스로 분명히 인식하는 것이 중요하다. 그다음 '이것은 셀프 핸드캐핑!'이라고 의식한 뒤, 공부할 시간과 기회를 방어본능에 의해 방해받고 있다고 인식한다.

결국 진심으로 청소하고 싶거나 만화책이 읽고 싶은 것이 아님을 그때그때 의식하는 게 중요하다.

그 사람이었다면
어떻게 행동했을까?

당신 주위에 굉장히 공부를 잘해 부러움을 한 몸에 받는 사람이 있는가? 만일 있다면 그 사람을 머릿속에 떠올려보자.

만일 그런 사람이 주변에 없다면 에디슨, 아인슈타인, 미야자와 겐지 등 누가 보더라도 천재로 생각되는 인물을 머릿속에 떠올려보자. 만화나 애니메이션에 나오는 똑똑한 캐릭터를 떠올려도 좋다.

셀프 핸드캐핑에 빠져 있다고 의식했다면 '그 사람이었다면 어떻게 행동했을까?' 하고 질문을 던져본다.

'만일 그였다면 지금 청소를 하거나 만화책을 읽을까?'

'만일 그였다면 지금부터 어떤 행동을 할까?'

가능한 한 좀 더 적극적으로 "나는 지금 에디슨이다!"라는 식으로 그 인물인 양 행동해본다. 그렇게 함으로써 셀프 핸드캐핑을 극복할 수 있다.

중학교 시절, 나는 이 사고법을 쭈욱 사용하여 셀프 핸드캐핑을 극복했다.

역사 속 위대한 인물이 아닌 만화 속 캐릭터를 떠올렸던 기억도 있다. 당시 나는 만화 《데스노트》에 등장하는 '야신월(夜神月)'이라는 캐릭터에게 완전히 빠졌었다. 초인적인 두뇌를 가지고 있으면서도 어딘지 인간미가 느껴졌기 때문이다. 그는 목적을 달성하기 위해서라면 어떤 역경도 불사하고 행동으로 옮겼다. 그런 그의 이미지를 나에게 끌어 오자 공부 의욕이 생겨났다.

시험에 합격한 뒤 하고 싶은 일들을 떠올린다

Chapter 1에서 말했듯이 불순한 동기라도 좋으니 여하튼 강한 이유, 동기를 찾으면 공부하는 데 도움이 된다.

당신이 합격한 뒤에 하고 싶은 일들을 머릿속에 선명하게 떠올릴수록 공부 의욕 또한 배가된다.

인간은 장기적 욕구보다 단기적 욕구를 우선시하도록 프로그래밍이 되어 있다고 말했다. 행동경제학에서는 이를 '과도한 가치폄하 효과(Hyperbolic discounting)'라고 말한다. 사물의 가치는 시간의 경과와 함께 감소한다는 의미다. 1년 뒤의 대학 합격의 가치는 분명 엄청 크다. 그래도 눈앞의 만화나 TV에 밀리는 것은 이 과도한 가치폄하 효과에 의해 합격의 가치가 작아지기 때문이다.

이는 우리 인간이 약한 동물이기에 벌어지는 현상은 아니다. 과도한 가치폄하 효과는 인간의 기본적인 성질로 어쩔 수 없는 일이다.

그렇다면 1년 뒤, 2년 뒤의 합격을 위해 어떻게 효과적으로 공부할 수 있을까?

그것은 폄하되어 가치가 낮아져도 지금 만화를 읽는 가치보다 상회하면 된다. 합격이라는 가치는 멀수록 작아진다. 가뜩이나 작아지는데 막연히 '합격했으면 좋겠다'는 정도로는 눈앞의 욕구를 제압할 수 없다. 따라서 대학에 들어간 뒤 할 수 있는 일, 하고 싶은 일을 구체적으로 떠올려본다. 생각하기만 해도 가슴설레는 일일수록 합격으로 얻어지는 가치는 높아진다. 그래서 내가 즐겨 권하는 것이 '욕망 노트'다.

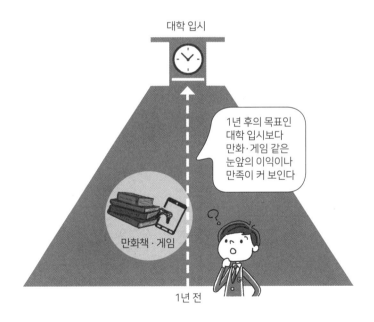

의욕을 이끌어내는
'욕망 노트' 작성 방법

욕망 노트는 당신의 의욕을 고취시키는 강력한 힘이 되어줄 것이다. 자, 지금부터 그 작성법과 사용법에 대하여 살펴보자.

1. 노트를 준비한다.

지금부터 의욕을 높여주는 노트로써 시험 때까지 계속 사용한다. 문구점에서 다소 고급스러운 노트를 구입하는데, 되도록 마음에 드는 디자인을 선택하자. 특히 추천하는 것은 마음대로 자유롭게 쓸 수 있는 무지노트다.

2. 제1지망 대학이나 목표로 하는 시험에 합격한 이후 하고 싶은 일을 기록한다.

여하튼 적어보자! 포인트는 가능한 한 구체적으로 기록하는 것이다. 그리고 가슴 두근거리는 일을 적는 것이다. '구체적'이고 '가슴 설레는' 것이 핵심 포인트이므로 반드시 의식하길 바란다. 예를 들면 다음과 같다.

◆ 테니스 동호회에 들어가 매일 이른 아침부터 늦은 밤까지 테니스를 친다. 햇볕 아래에서 구릿빛으로 선탠하고 샤워한 뒤 상쾌함을 만끽한다!

◆ 사랑스런 '여친(또는 남친)'을 만들어 크리스마스 데이트를 한다. 화이트 크리스마스로 달달하고 로맨틱하게!

◆ 휴일에 하루 종일 '미드'를 본다. 방 조명을 어둡게 한 뒤에 팝콘을 먹으면서 본격적으로 감상한다!

이런 식으로 선명히 적는다. 하고 싶은 일을 그저 기록하는 것이 아니라 그것을 하고 있는 자신의 모습을 떠올리면서 적는다면 효과는 더욱 클 것이다.

3. 무기력하거나 의욕을 상실했을 때 펼쳐 본다.

그저 적기만 해도 욕망 노트는 유효하다. 하지만 다시 보면서 상상을 부풀리면 더 효과적이다. 의욕이 생기지 않을 때 노트를 펼쳐 기록한 내용을 읽으며 그 모습을 상상해보자.

4. 문득 만화책이 읽고 싶어질 때는 그것을 노트에 기록한다.

물론 공부하는 데에도 휴식은 필요하다. 그래서 약간의 시간 정도라면 만화책을 읽어도 좋다. 그러나 1권부터 60권 이상의 장편 만화를 처음부터 읽기 시작한다면? 다 읽을 때까지 엄청난 시간이 걸릴 것이다. 만화는 몇 권으로 끝나는 것도 있지만 5권,

10권 등등 계속 이어지는 것들도 많다. 평소 즐기는 만화라면 계속 읽고 싶은 것은 당연하다. 읽고 싶은 마음을 억지로 참고 공부를 시작해도 머릿속에는 무의식적으로 다음 이야기를 떠올리게 된다.

만화책뿐 아니라 소설이나 TV 드라마 등 오랜 시간이 걸리는 것을 읽거나 보았을 때는 욕망 노트에 그것을 기록하자. 그리고 목표 달성 이후에 마음껏 그것을 즐기는 모습을 상상하자. 그러고는 일단 공부에 집중하자!

5. 취향에 따라 나름대로 노트를 변형시킨다.

지금까지 설명한 기본적 작성법을 바탕으로, 기록할 때도 즐겁고 다시 읽어도 흥미로운 노트가 되도록 나름의 방법을 찾아보자. 그림 그리기를 좋아하는 사람은 일러스트를 그려 넣어도 좋다. 색연필로 다채롭게 기록해보는 것도 좋고, 실행하게 될 날짜를 미래 일기처럼 적는 것도 좋다.

이상이 욕망 노트의 작성법 및 사용법이다. 이 욕망 노트는 실제로 나의 제자들도 작성했는데, 모두 기대 이상의 효과를 보았다.

그중에는 욕망 노트로 말미암아 꼴찌에 가깝던 학교 성적이 상위 다섯 손가락에 꼽힐 만큼 향상되어 학교 선생님들을 깜짝 놀라게 만든 학생도 있었다. 정말로 강력한 효력을 발휘하니까 반드시 활용해보길 바란다.

합격 이후의 모습을
반복적으로 이미지화한다

합격 이후의 즐겁고 기쁜 일을 상상하는 일은 공부할 의욕을 북돋는 데 매우 효과적이다. 욕망 노트를 작성하는 것뿐 아니라 합격한 순간이나 합격한 이후의 모습을 반복적으로 머릿속에 그려보는 습관을 가져보자.

여기서 포인트는 '설레도록 구체적'이어야 한다는 것이다. 고등학교 시절에 나는 잠들기 전에 반드시 설레도록 구체적인 이미지를 떠올렸다. 여기서는 어떤 이미지를 떠올리면 좋을지에 대하여 살펴보자.

이미지 트레이닝은 먼저 시험 당일의 실제 모습을 머릿속에 그린다. 이때 자신이 온 힘을 다해 문제를 풀어가는 모습을 떠올린다. 그리고 '해냈다! 풀었다! 합격할 수 있다!'는 확신을 가지고 자신만만하게 시험 문제를 풀어가는 모습을 떠올린다.

그 뒤에는 합격자 발표 당일을 머릿속에 그려본다. 나의 경우에는 합격자 발표를 인터넷상으로 확인할 예정이었기 때문에 그 모습을 사실적으로 상상했다.

합격자 발표 당일은 떨리는 마음으로 잠들지 못한 채 만화책을 읽거나 애니메이션 혹은 영화를 본다. 그리고 발표 5분 전에 화장실을 다녀와 컴퓨터 앞에서 대기한다. 발표 개시 1분 전 합격자 발표 페이지의 새로 읽기 버튼을 연속으로 누른다. 발표 시간이 되고 조금 뒤에 링크된 페이지를 훑어본다. 마침내 나의 번호를 발견한다!

이런 식으로 나는 매일 밤마다 이미지 트레이닝을 반복했다. 이틀에 한 번꼴로 시험을 마친 모습을 떠올린 채 곯아떨어지곤 했다.

인간은, 이미지화할 수 없는 일은 달성하지 못한다. 그러나 머릿속으로 끊임없이 떠올리고 그것을 믿게 되면 대개는 달성할 수 있다.

예컨대 세계 최초로 유인동력 비행에 성공한 라이트 형제가 그랬다. 당시 인간이 하늘을 난다는 것은 과학적으로 불가능하다고 생각했다.

그러나 그들은 '하늘을 나는 것'을 이미지화하고 '날 수 있다!'고 믿었기에 인류 역사상 첫 위업을 달성했다.

또한 뇌는 '머릿속에 그린 것이 실제로 일어나도록 작용한다'는 특징이 있다. 머릿속에 명확하고 구체적인 이미지를 수차례 반복하여 떠올리면 뇌가 멋대로 그것을 달성하려고 자신을 행동하도록 만든다.

공부란
그리 나쁘지 않은 것이다

교토대학에 들어가서 알게 된 것은 의외로 공부를 좋아하는 사람이 적다는 사실이다. 일반적으로 많은 학생이 수업에 들어오지 않는다. 그러나 "좋다!"라고 말하는 사람이 적지만 동시에 "싫다"라고 말하는 사람도 적다.

교토대학 학생들에게 "공부를 좋아하는가?"라고 물었을 때 대개 "좋아하지는 않지만 싫지도 않다"라고 말하거나 "분야에 따라서는 좋아한다"라고 답했다.

이 이야기를 들려주면 사람들은 이런 반응을 보인다.

"공부를 몹시 좋아하는 사람은 적지만, 역시나 그 나름대로 공부하길 즐기는 사람이 교토대학에 가는군요. 공부가 싫은 저는 대학 가기는 글렀나 봐요."

과연 그럴까?

태어날 때부터
공부가 싫었을까?

누구든 처음에는 공부가 싫지 않았을 것이다. 아니, 오히려 공부가 너무 좋지 않았을까?

태어난 지 얼마 안 된 아기 때부터 유아 시절에는 진짜로 호기심이 왕성하다. 무엇이든 기억하고, 무엇이든 즐긴다. 그리고 아버지, 어머니, 주위 사람이 이야기하는 것을 들으면서 점차 언어를 익혀간다. 주변의 일에 끊임없이 간섭하며 지식을 흡수해간다.

그리고 유치원에 들어가면 가족 외의 사람들과도 다각도로 접촉한다. 거기서도 여러 가지를 배운다. 초등학생이 되면 글자나 간단한 계산부터 차례로 공부해간다.

유아 시절, 당신은 언어를 익히거나 지식을 흡수하는 것을 싫어했을까? 초등학교 저학년 무렵은 어땠을까? 그때부터 정말로 공부가 너무도 싫었을까? 아마도 그렇지는 않았을 것이다. 영어 단어 'school'은 고대 그리스어로 'schole'라는 휴가를 나타내는 단어가 그 어원이다. 시간 때우기, 결국 놀이 장소가 본래의 'school'인 것이다.

본디 공부하는 것은 즐거운 일이다.

왜냐하면 인간은 '모르는 것을 알고 지식을 얻는 것'에 기쁨을 느끼는 동물이기 때문이다. 그리고 공부를 즐길 수 있다면 그것은 최강의 공부법이 된다. 어린 아이처럼 끊임없이 지식을 흡수할 수 있게 된다.

말을 이렇게 해도 시험 공부가 되면 '공부는 즐겁다!'라고는 도저히 생각할 수 없는 것이 현실이다. 물론 나도 그랬다. 그러나 되도록 시험 공부를 조금이라도 즐기자! 이런 생각에서 여러 방법을 강구함으로써 '공부는 싫다'에서 '공부도 나쁘지 않다'는 정도로 바뀔 가능성은 있다. 이런 취지 아래 공부를 즐기는 방법을 지금부터 살펴보자.

한문은 단기간에
집중해서 공부한다

공부해도 성적이 오르지 않는다. 공부를 해도 그리 좋은 점수를 받지 못한다. 이런 경험을 반복하면 차츰 공부는 재미없는 것이 되어버린다.

공부하고 성적이 오르는 '성공 체험'을 하면 공부는 즐거운 것이 된다. 분명 효율적으로 성적을 올릴 수 있는 방법은 있다. 여기서는 쉽게 성공 체험을 하는 방법에 대하여 알아보자.

개인적으로 한문은 가장 성적을 올리기 쉬운 과목이다. 실제로 내가 가르치는 제자 중에도 단기간, 즉 2주 동안 한문을 공부하여 모의고사에서 50점 만점에 46점을 받은 학생도 있다(그전까지 그의 최고점은 21점이었다). 또한 1개월 동안 한문을 공부하여 그 지역에서 최고 점수를 받았다. 대체 어떤 방법으로 한문을 공부했을까?

먼저 《한문 속성 암기 빨리 답하는 방법》이라는 참고서를 사용하여 공부했다. 이 참고서의 권말에는 '속성 암기 빨리 답하는 방법 종합편'의 '이 한문만은!'이라는 부록이 있는데 이것을 사용했다.

이것은 입시에서 묻는 한문의 중요 표현을 하나의 문장으로 정리한 역작이다. 이것을 계속 반복적으로 술술 읽을 수 있도록 익힌다. 그렇게 음독하면서 머릿속으로는 단어의 의미를 떠올린다.

이때 걸으면서 큰 소리로 읽는 것이다. 하루 10번, 2주 동안 계속 읽으면 꽤 막힘없이 읽을 수 있다.

나는 자주 이 방법으로 공부하는데 아래층에 있는 가족들은 "대체 무엇을 하면서 노니?"라고 묻기도 했다. 걷는 소리가 들리고 혼자서 무엇인가를 중얼거리는 것이 궁금했던 모양이다.

처음 며칠은 '이 한문만은!'의 이해와 음독에 힘을 쏟는다. 내용은 이해하고 이후 음독을 반복하는 상태가 되면 '이 한문만은!'의 음독과 나란히 본편을 공부해 나아간다.

본편의 한문 문제는 '음과 뜻'을 쉽게 이해하도록 설명되어 있다. 이 부분을 철저히 읽으면서 문제를 풀어간다. 또한 본편을 공부하면서 나란히 중요 한자의 의미와 읽는 법을 정리한 '이 한문만은!'도 확인하자.

2주간 '속성 암기 빨리 답하는 방법'에 초점을 맞춰 공부하면 한문을 상당히 흡수할 수 있다.

입시가 코앞으로 다가온 고3 수험생은 한문만 공부할 수는 없다. 하지만 고1·2 학생은 꼭 이런 방법으로 공부해보길 바란다. 한문 성적이 확연히 올라 틀림없이 놀랄 것이다.

이때 주의할 것이 한 가지 있다. 고전 문법, 특히 조동사가 애 매한 사람은 먼저 고전 문법을 암기한 뒤에 한문을 공부하자! 한 문은 고전 문법의 지식이 없으면 이해하는 데 시간이 걸린다. 따 라서 《요시노의 고전 문법 슈퍼암기장 완벽 버전》으로 문법을 한 차례 공부하고 나서 한문을 공부하자.

작은 성공 체험을 쌓는다

한문 성적 급상승! 이런 작은 성공 체험을 차곡차곡 쌓으면 자연히 공부는 즐거워지게 마련이다.

어떤 것이라도 좋다. 평소 조금 분발하여 단어 공부를 해본다. 범위가 좁다면 조금만 공부해도 좋은 점수를 받을 수 있다. 그것도 어엿한 성공 체험이다.

굳이 학교에서 치르는 단어 시험이 아니라 스스로 치르는 단어 시험이라도 좋다.

지금부터 30분 동안 범위 내의 단어 10개를 완벽하게 암기한다. 30분 뒤에 시험을 보고 만점을 목표로 한다.

여기서 만점을 받으면 이것도 훌륭한 성공 체험이다! 이것은 단어 시험뿐 아니라 어느 과목에든 응용할 수 있다.

하나하나의 작은 성공 체험이라도 그것이 쌓이고 반복되면 큰 성공 체험으로 확장된다. 큰 성공 체험은 그것만으로도 공부를 즐겁게 하고 공부할 의욕을 지속시킨다. 또한 이것은 자신감을 키워준다. '하면 된다!'는 생각은 공부하는 데 대단히 큰 힘이 된다.

성공을
시각화한다

　자신의 노력이 눈에 보이는 형태가 되면 우리는 의욕이 생기고 일에 한층 더 매진할 수 있다. 공부도 마찬가지다. '학습 성과'로서 가장 알기 쉬운 것이 '표준점수'다. 표준점수가 오르면 당연히 공부할 의욕도 생긴다.

　그러나 좀처럼 오르지 않는 것이 표준점수다. 표준점수의 상승을 실감하기까지는 대부분의 과목에서 공부한 지 최소 3개월이 걸린다.

　그러나 표준점수 외에도 공부하기에 따라 그 성과를 눈으로 보이는 형태로 '시각화'할 수 있다.

　예컨대 매일의 공부 시간을 스톱워치로 기록하고, 그 결과를 노트에 적는 '공부 일기'가 있다. 예금통장처럼 공부 시간의 합계가 차츰 불어가는 모습은 보기만 해도 공부할 의욕을 향상시키는 데 안성맞춤이다. 단지 공부 시간을 적는 데 그치지 않고 과목마다 공부한 내용까지 기록해가면 복습할 때도 편리하다.

그 외에도 매일 공부해야 할 리스트를 종이에 적고 달성한 뒤에는 그 위에 선을 그어 지워가는 방법도 있다. 이것도 성과가 보이는 형태다. 나 역시 이 방법을 공부뿐만 아니라 여러 일에 이용하고 있다. 지금은 매일 아침 그날 해야 할 일을 적는 것이 일과가 되었다.

단, 주의할 점이 있다. 해야 할 일을 목록으로 작성할 때 이런저런 일들을 과다하게 적어서는 안 된다.

공부하기 전에는 의욕이 충만하여 많은 일을 리스트에 적지만, 막상 공부를 시작하면 생각처럼 진행되지 않는 것이 다반사다. 그러면 리스트를 전혀 지우지 못하고 그것이 오히려 스트레스가 된다.

따라서 해야 할 일을 리스트로 작성할 때는 최대 세 가지만 적는다. 이후 세 가지 일을 모두 지웠다면, 다시 리스트에 할 일 세 가지를 추가로 적는다.

공부하는 나는
멋지다

공부에 한하지 않고 어떤 일에 집중하여 애쓰고 노력하는 모습은 그 자체만으로도 멋있다. 그리고 스스로 그런 자신을 멋있다고 생각한다면 의욕은 절로 생겨난다.

나는 원고를 집필하거나 메일매거진을 발행하는데, 일할 마음이 생기지 않을 때는 맥북 에어를 가지고 스타벅스에 간다. 평소에는 꽤 단단한 케이스를 사용하는데, 이때만큼은 케이스도 벗기고 홀가분하게 나선다.

그리고 스타벅스에 도착하면 드립커피를 주문하고 그것을 마시면서 일한다. 사실 나는 평소 커피를 거의 마시지 않는다. 따라서 스타벅스에 갈 때는 기본적으로 바닐라 크림 프라푸치노에 초코 소스와 휩을 추가 주문한다.

그렇다면 왜 의욕이 생기지 않을 때 굳이 스타벅스까지 가서 드립커피를 주문해 마시는 것일까? 그것은 내 안에 '스타벅스에서 커피를 음미하며 맥북 에어로 일하는 것만으로도 멋지다'는 이미지를 가지고 있기 때문이다. 결국 그런 내 모습이 멋있다!

실제로 그것이 멋있어 보이는지는 알 수 없다. 아니, 오히려 즐겨 마시지도 않는 커피를 주문한 것을 알면 비웃음을 살 수도 있다. 그러나 무엇보다 그런 내 모습을 멋있다고 생각하는 것이 중요하다.

나는 스타벅스를 이용하지만 사실 어디든 상관없다. 여하튼 한껏 멋을 낸다. 그리고 '공부하는 나는 멋있다!'라고 생각하면 충분하다. 예컨대 다음과 같은 사소한 것이라도 좋다.

◆ 참고서에 산뜻한 북커버를 한다.
◆ 약간 고가의 볼펜이나 샤프펜슬을 사용한다.
◆ 공부 잘하는 캐릭터가 되어본다(나의 경우, 《데스노트》의 야신월을 의식했다).

전력투구하는 모습은
그만큼 멋있다

고등학교 야구 대회에서 진검승부를 펼치는 선수들을 보노라면 참으로 흥미진진하다.

역시 승부의 세계에서는 승자가 도드라지게 마련이다. 그러나 승리 여부와 상관없이 전력투구로 경기에 임하는 모습은 그 자체로 정말 멋있다. 그들은 온 힘을 다해 연습했고 최선을 다해 경기를 펼치기 때문이다.

이것은 고교 야구에 한하지 않는다. 전력을 다해 공부하는 모습 또한 그 자체로 멋있다.

여름방학 과제를
3일 만에 끝내고

중학생 시절의 나는 지극히 평범한 소년이었다.

여름방학 과제를 끝내지 못해 마지막 날까지 허겁지겁 밤새우는 다소 게으른 아이, 누구나 흔히 하는 실수를 예외 없이 저지르는 그런 일반적인 아이였다. 어린 시절의 나는 나 자신을 제대로 제어하지 못했다.

물론 그 시절에 나도 여름방학 과제를 굉장히 일찍 끝낸 적이 있긴 하다. 여름방학이 시작된 날로부터 3일 만에 모든 과제를 완벽히 끝내버린 것이다. 왜 그렇게 일찍 과제를 해치워버렸을까? 3일간의 벼락치기 과제 완수는 사실 친구와 한 내기 때문이었다.

"여름방학 숙제, 누가 빨리 끝내는지 시합하자! 지는 사람이 하겐다즈 한 통 사는 거다!"

당시 중학생으로서 내게 하겐다즈 한 통은 꽤 큰 내기였다. 한

통에 1,000엔 가까이 할뿐더러 나한테 이긴 뒤 그것을 맛있게 먹는 친구 모습을 떠올리자 한순간 승부욕이 활활 타올랐다.

결국 나는 3일 만에 모든 과제를 끝내고 승자로서 친구가 바친 하겐다즈를 맛있게 먹어주었다. 그리고 남은 여름방학을 마음껏 누렸다.

내기에서 진 친구도 그 뒤 이틀 만에 과제를 마쳤다. 그때 친구가 말했다.

"비록 지기는 했지만 내기를 해서 좋았어. 내기를 안 했다면 늘 그렇듯 방학 마지막 날까지 허둥댔을 거야."

친구와의 경합

친구들과의 경합은 때때로 내 안의 놀라운 잠재력을 끌어내기도 한다.

앞서 말했듯 늘 개학 전날까지 방학 과제를 끝내지 못했던 나는 친구와 경합함으로써 놀라울 만큼의 집중력을 발휘하여 과제를 3일 만에 해치웠다.

타인과의 경합이 혼자 하는 공부를 좀 더 즐거운 것으로 바꿔놓기도 한다. 이제 내가 친구들과의 경합을 공부에 활용한 또 다른 예들을 소개할까 한다.

모의고사 성적으로 승부

모의고사 성적으로 하는 내기는 매우 간편하다. 물론 성적이 비슷한 사람끼리 대결해도 좋지만 그렇지 않은 사람들과 해도 상관없다. 각자의 성적에 따라 규칙을 정하면 되기 때문이다. 예를 들어 성적이 좀 낮은 사람이 높은 사람의 점수를 한 과목이라도 웃돌면 합계 점수와 상관없이 이기는 것으로 한다. 그 한 과목은 처음부터 정해도 좋고, 어느 과목이든 상관없다고 해도 좋다. 한 과목을 처음부터 정해둔 경우, 성적에서 불리한 사람은 '상대가 못하는 과목으로 승부한다', '내가 자신 있는 과목으로 승부한다' 등등의 승부전략을 생각해볼 수 있다.

"그 방식으로는 성적이 좋은 사람에게 아무런 이득도 없지 않나요?"

예전에 어떤 학생에게 이런 질문을 받았다. 대답은 '아니다'이다. 비록 전체적으로 성적이 나쁜 상대일지라도 그가 한 과목에 초점을 맞추고 철저하게 공부한다면 의외로 성적 좋은 사람이 내기에서 질 수도 있다. 성적 좋은 사람의 약한 과목으로 상대가 승부할 가능성이 높기 때문에 성적 좋은 사람은 못하는 과목도 충분히 공부하지 않으면 안 된다. 즉, 비록 성적으로 유리한 입장에 있다고 해도 내기에서 지고 벌칙을 받게 될지 몰라 열심히 공부하게 된다. 따라서 성적이 좋은 사람에게도 이점은 있다.

내게 이 질문을 한 학생도 모의고사 성적으로 친구와 내기를 벌였다. 그때의 규칙은 국, 영, 수 세 과목 중 두 과목을 이기는 사람이 상대에게 그날 점심을 사는 것이었다.

그 학생은 국어와 영어를 잘했고, 수학을 못했다. 반면, 경합하는 친구는 수학을 잘했다. 결국 수학 때문에 그 학생은 연거푸 졌다. 그 무렵부터 그 학생은 내게 수학 공부법을 자세히 물어왔고, 집중 공부했다. 그 결과 그는 약점이던 수학을 극복했을뿐더러 대학 입시 센터 시험에서도 최상위 등급을 돌파했다.

영어·고문 단어 시험으로 승부

수업 전에 영어 단어 혹은 고문 단어 쪽지 시험을 자주 보게 마련이다. 사실, 쪽지 시험으로는 아무래도 공부할 의욕이 생기지 않는다.

그렇다고 공부하지 않으면 재시험을 봐야 하기 때문에 정말로 성가시다(고등학교 시절, 영어 수업 전에는 꼭 영어 단어 쪽지 시험을 봤다. 범위 안에서 국어를 영어로, 영어를 국어로 답하는 문제가 반씩 총 20개가 출제되었다. 그리고 15점 이하는 재시험을 치러야 했다).

친구와 경쟁하는 공부법은 단어 시험에도 적합하다. 단어 시험의 경우도 모의고사의 승부와 마찬가지로 우선 규칙을 정한다. 범위가 좁은 단어 시험이라면 대등한 입장에서 규칙을 정하고 승부하는 것이 좋다.

단순히 점수의 우열로 승패를 정하는 것도 좋고, '3점 차이로 벌어지면 주스, 5점 차 이상 벌어지면 밥 사기' 같은 규칙을 정해도 좋다.

내기 없이 단순하게 겨루는 승부도 좋지만, 역시 무언가를 걸면 승부에 좀 더 열을 낼 수 있다.

나의 경우, 아이스크림이나 주스 혹은 밥 사기를 주로 했다. 그리고 청소 대신하기, 가방 들어주기 같은 다소 굴욕적인 벌칙 게임도 즐겼다(내가 당한 가장 굴욕적인 벌칙은 좋아하는 여학생 앞에서 울트라맨이 되는 것이었다).

일문일답 배틀

　사회·역사 과목에서는 쪽지 시험 대비 문제를 사용하여 암기한 것을 확인하는 공부법이 효과적이다. 그러나 주입식 암기법이 되기 쉬워 일문일답은 금방 질리거나 흥미를 잃을 수 있다. 그때는 일문일답 내기를 친구와 해본다.

　이때도 규칙은 친구와 함께 정한다. '교대로 문제를 내고 먼저 틀린 사람이 진다', '다섯 문제를 먼저 맞춘 사람이 이긴다' 등등으로 말이다.

　이 과정에서 세부적인 규칙 또한 펼칠 수 있다. 일례로 세계사 과목을 가지고 했던 나의 일문일답 내기를 소개하자면 다음과 같다.

① 주로 쪽지 시험 대비 문제로 한다.

② 매주 금요일 방과 후에 실시한다.

③ 매번 10~20페이지를 범위로 결정한다(시험 유무 등으로 증감).

④ 범위 안에서 교대로 문제를 내고 문제 3개를 먼저 틀린 쪽이 진다.

⑤ 어느 정도 일문일답을 했지만 모두 3개 이상을 틀리지 않은 경우에는 범위 안에서 직접 문제를 내도 좋다(단, 범위 내에 기술되지 않은 문제는 출제해서는 안 된다).

⑥ 진 사람은 빵을 산다.

사실, 이 공부법은 일본 사립의 중·고등학교에서는 일상적으로 행해지고 있다(그중에는 마니아적인 지식을 얼마나 알고 있는지를 겨루는 내기로 변하기도 한다). 이것을 응용하여 별도의 교재나 문제집을 사용하지 않고 교과서 범위에서 자유로이 문제를 작성하여 출제하는 방식도 있다.

이 방식은 문제를 답하는 사람뿐만 아니라 문제를 내는 사람에게도 실질적 공부가 된다.

왜냐하면 '상대는 이 문제를 알고 있는가?', '어떤 식으로 물으면 좋은 문제가 될까?' 등을 생각하면서 평소 교과서를 읽을 때보다 더 깊이 읽게 되기 때문이다. 따라서 이 방법은 친구들과 승부를 가린다는 '게임성'을 더한 매우 효과적인 공부법이다. 자신보다 그 과목을 잘하는 사람에게 '일문일답 내기'를 제시해보는 것은 어떨까?

영영사전 배틀

영영사전 배틀은 일문일답 내기와 같은 방식으로 겨룰 수 있다. 문제를 내는 사람은 '단어 첫 알파벳'을 말한 뒤, 그 단어의 의미를 영어로 말한다.

"이번에는 알파벳 S다"라고 말한 뒤 서로 그 알파벳 안에서 문제를 내는 것도 좋다. 또한 '상대가 모르는 단어는 내서는 안 된다'는 규칙을 더해도 재미있다.

이것은 내가 수업 중에 시간을 내서 했던 방법이다. 선생님이 출제자가 되는 경우와 몇 명의 그룹으로 나눠 겨루는 경우가 있다. 대개 "오늘은 S부터 시작하는 단어로" 하는 식으로 범위를 한정하고, 그 안에서 출제자는 문제를 낸다.

예컨대 'a group of related parts that work together as a whole for a particular purpose'라는 문제에 대한 정답은 'system'이다. '시스템'은 누구나 알고 있는 쉬운 단어다. 그러나 시스템을 영어로 설명하면 꽤 어려운 문제가 된다. 또한 'as a whole(전체로서)' 등 중요한 숙어를 깨닫게 되기도 한다.

영영사전을 읽는 것은 영어를 영어인 채로 이해하는 매우 좋은 연습이다. 이 방식은 일본의 입학 시험에서 '영문이 표현하는 단어를 선택하는' 문제를 출제하는 대학도 있으니 그 대책이 되기도 한다.

수학 배틀

수학 배틀은 서로 문제를 내는 것이 아니라 '같은 문제를 누가 더 빨리 푸는가?'로 경쟁한다. 이것도 문제집에서 범위를 정하고 랜덤으로 한 문제를 선택하여 풀 때까지의 시간을 겨루는 것이 좋다.

이때 제삼자도 참여시켜 '누구의 답안이 더 좋은지'를 보여주는 방법도 좋다.

수학은 답이 맞는다고 되는 것이 아니라, 분명히 자신의 생각을 표현할 수 있어야 한다. 또한 풀이 안에 비약이 있어도 안 된다. 그것을 객관적으로 보인다는 점에서도 좋은 공부가 된다.

이처럼 타인과 '경쟁', '내기'를 함으로써 평소보다 더 의욕과 집중력을 끌어올릴 수 있다. 자기 혼자서 할 때는 게으름을 피우는 공부도 친구와 겨루면 의욕적으로 공부할 마음이 생긴다.

내가 운영하는 구메하라 학원에서는 학생 vs. 선생님의 대전도 이뤄진다. 과제를 내고 그 시험의 결과가 만점이라면 선생님이 벌칙을 받는 게임이다. 만일 학생이 최저 점수를 밑도는 경우에는 학생이 벌칙을 받는다. 그렇게 늘 공부를 '즐기려는' 노력을 해나가고 있다.

의욕이 생기는
휴식 방법

그 누구도 쉬지 않고 계속 공부할 수는 없다. 어느 정도 노력했다면 적당히 휴식을 취하는 것이 공부 의욕과 집중력을 오래도록 지속시키는 요령이다.

그런데 이 휴식이라는 것이 매우 까다롭다. 자칫 한 걸음만 잘못 내딛어도 공부를 위한 휴식이 아닌 공부의 '끝'이 되어버리기 때문이다.

가장 해서는 안 되는 휴식이 '침대에 누워 잠시 눈을 붙이는' 것이다. 잠시 눈을 붙이는 것은 분명 효과적인 휴식법이지만, 익숙하지 않다면 일어나지 못한다.

나는 알람을 설정하고 그 소리로 잠을 깰 때마다 '아, 10분만……' 하고 다시 시간을 설정하는 행동을 수차례 해왔다. 수십 번 잘못을 반복한 뒤 나는 '침대에 누우면 일어날 수 없다'는 결론을 내렸다. 그 뒤로는 졸음이 몰려와도 절대 눕지 않는다. 그리고 졸지 않으려면 어떻게 해야 하는지를 궁리했다. 졸지 않는 방법에 대해서는 나중에 다시 설명하기로 하고, 여기서는 어떤 휴식 방법을 취하면 공부의 효율이 높아지는지를 살펴보자.

우선 많은 이가 휴식을 취한답시고 스마트폰을 본다. 그런데 이것은 결코 좋은 방법이 아니다. 왜냐하면 스마트폰을 이용하는 휴식에는 끝이 없기 때문이다.

예컨대 친구가 보낸 메시지에 댓글을 단다. 거기서 대화가 끝나면 다행이지만 한참 동안 메시지를 주고받게 될지도 모른다. 그런 상황에서 공부에 몰두할 수 있을 리 만무하다.

또한 스마트폰으로 간단히 볼 수 있는 유튜브 등의 동영상 사이트도 하나하나가 끝이 없다. 유튜브 자체에도 '다음 동영상 자동 재생', '다음 기사' 시스템이 만들어져 있기 때문이다. 유튜브는 지금까지 당신이 본 동영상의 경향을 파악하고 다음에 볼 만한 동영상을 '추천'하는 방식으로 표시된다. 또 다른 사이트에서도 당신이 읽은 기사와 관련된 기사가 추가로 노출되는 시스템을 갖추고 있다. '이 동영상을 보고 나서 공부하자'고 생각해도 호기심을 자극하는 제목의 기사와 동영상이 계속 표시되기 때문에 클릭하지 않고는 배기지 못하게 만든다. 강한 의지로 '공부해야지!' 하고 스마트폰을 내려놓아도 뇌는 무의식적으로 그 동영상을 떠올리게 하여 좀처럼 공부에 집중할 수 없게 만든다.

만화나 소설, TV 드라마나 영화를 보면서 휴식하는 것은 또 어떨까? 이것들도 휴식 도구로는 적합하지 않다. 보는 도중에 그것들을 멈추고 공부로 되돌아오는 일은 매우 어렵고, 앞서 설명했듯이 도중에 그만둔다고 해도 뇌가 계속 그것을 생각한다.

그렇다면 어떤 휴식이 공부하는 데에 안성맞춤일까?

내가 권하는 휴식 방법은 워킹, 조깅, 근육 트레이닝처럼 몸을 움직이는 것이다. 근육은 뇌와 밀접하게 연결되어 있어서 몸을 움직임으로써 뇌가 활성화된다. 더불어 만화나 애니메이션처럼 지나치게 빠져들 걱정도 없어 일정 횟수를 마치면 즉시 학습 모드로 되돌아올 수 있다.

좋아하는 음악을 들으면서 집 근처를 걷는 것이 최고의 휴식이라고 할 수 있겠다.

충분히 잤는데도
공부만 하면 졸리는 이유는?

'충분히 잤는데 왜 졸리지?'

그런 고민은 어느 시대든 수험생이라면 누구나 한다. 메일매거진 독자들에게 나는 "하루 몇 시간 정도 자야 할까요?"라는 질문을 수없이 받는다. 실제로 각자에 맞는 수면 시간은 제각기 다르기 때문에 수면 적정 시간을 수치로 단정하여 말할 수는 없다. 다만 어떻게 잠을 자야 하는지는 스가와라 요헤이의 저서《굿바이, 나른함》을 통해 알아볼 수 있을 것이다.

이 책은 작업요법사(환자의 심신을 돌보는 직업)인 저자가 의욕과 수면에 초점을 맞춰 효율적으로 잠자는 요령을 상세히 설명하고 있다. 여기서는 그중에서 의욕이 생기는 수면 요령 중 한 가지만 소개해볼까 한다.

의욕이 생기는
수면 요령

의욕이 생기는 조건은 두 가지다.

◆ 뇌가 확실히 깨어 있을 것!
◆ 뇌의 기억이 잘 정리되어 있을 것!

이것이 제대로 잘되어 있다면 작업에 집중할 수 있다. 그리고 이를 실현시켜주는 것이 수면이다. 효율적인 수면을 충분히 취함으로써 쉽게 의욕이 생기는 몸이 만들어진다. 그렇다면 어떻게 의욕이 생기는 수면을 할 수 있을까? 스가와라 요헤이는 《굿바이, 나른함》에서 세 가지 포인트를 제시했다.

① 기상 후 4시간 이내에 빛을 본다.
② 기상 후 6시간 뒤에 눈을 감는다.

③ 기상 후 12시간 후에 자세를 바로잡는다.

먼저, ①부터 살펴보자.

보통은 일어나자마자 빛을 보라고 말하지 않느냐고 되묻는 사람도 있을 것이다. 분명 일어나자마자 누구나 빛을 본다. 빛이 없다면 아무것도 보이지 않기 때문에 그런 의미에서는 하루 종일 빛을 본다고 할 수 있는데, 여기서 말하는 것은 의식적으로 빛을 보자는 의미다.

내가 가르치는 제자 중에도 이른 아침 시간에는 도저히 일어나지 못하는 학생이 있다. 그녀는 단호히 말했다.

"몇 번이고 일찍 일어나보려고 했지만 무리였어요. 절대 일찍 일어날 수 없어요!"

그러나 스기와라 요헤이의 조언대로 아침에 일어나자마자 베란다로 나가서 잠시 동안 햇빛을 보았다. 아무리 힘들어도 일주일 동안 이를 실천했다. 물론 처음에는 힘들었지만 어느 순간부터 익숙해졌고 지금까지도 그녀는 일찍 일어나는 습관을 이어가고 있다.

빛을 보면 멜라토닌이라는 물질의 분비가 멈춘다. 그러면 뇌는 '하루가 시작되었다!'라고 판단한다.

아주 먼 옛날, 우리 인간은 '해가 저물면 밤에 잠을 자고 아침에 해가 뜨면 일어나는' 생활을 했다.

그도 그럴 것이 그때는 전기도 없으니 캄캄한 밤에 자유롭게 행동할 수 없었다. 칠흑 같은 밤에 정비되지 않은 길을 걷는 것만으로도 위험했을 것이다. 그러니 어두워지면 자야 할 수밖에! 그리고 아침에 태양이 환히 뜨면 잠에서 깬다.

인류의 긴 역사를 볼 때, 전기가 발명된 것은 아주 최근의 일이다. 빛을 쬐지 않아도 벌떡 일어날 수 있고 밤에도 굉장히 눈부신 빛이 있다면 깊은 잠을 잘 수 없다.

따라서 우리는 몸의 메커니즘에 맞는 수면법을 의식해야 한다. 당연히 아침에는 의식적으로 빛을 쬐는 것이 중요하다.

이어서 ②에 대하여 알아보자.

인간은 기상한 지 8시간 뒤에 졸음의 절정을 맞이한다. 그 절정을 맞이하기 전에 미리 눈을 감는 것이 중요하다. 졸음이 몰려오기 시작한 뒤에는 이미 늦다. 잠이 올 즈음에 미리 눈을 감는다. 그러는 것만으로도 그 이후의 수마(睡魔)의 엄습을 예방할 수 있다. 따라서 5분간 두 눈을 꼭 감고 있자.

마지막으로 ③에 대하여 생각해보자.

어떻게 자세를 바로잡으면 좋을까? 앉든 서든 등을 곧게 펴고 어깨뼈가 나오지 않도록 하고 엉덩이에 힘을 주어 괄약근을 조인다. 그 상태를 5분간 지속하면 숙면으로 이어갈 수 있다.

또 숙면을 취했다고 생각해도 실제로는 수면 부족으로 뇌나 몸의 움직임이 나빠지는 일이 흔하다. 책상 모퉁이에 다리를 부딪치거나, 한밤중에 과자가 먹고 싶다거나, 책상 위의 정리 정돈이 잘 안 되거나, 누군가의 말 한마디에 화가 치미는 것은 수면 부족의 신호일 수 있다.

이 같은 일이 이어지고 있다면 당신은 수면 부족 상태일지도 모른다. 수면 부족을 해소하면 매우 효율적으로 공부할 수 있다.

이상의 숙면을 위한 방법을 통해 날마다 의욕적인 몸 상태를 만들어보자.

 ## 공부는
양치질과 같다

나는 다섯 살 때까지 양치질을 싫어했다. 치약은 맵고, 손은 아
프고, 무엇보다 귀찮았으니까. 아마 양치질도 안 하고 슬그머니
잠자리에 든 적 또한 많았을 것이다.

그러나 지금은 양치질이 습관화되어 있다. 아침에 이를 닦지
않으면 잠에서 완전히 깨지 않고, 저녁에 이를 닦지 않으면 찜찜
해서 잠을 잘 수 없다. 이 찜찜한 감각이 매우 중요하다. 왜 양치
질을 하지 않으면 찜찜한 것일까? 치아가 근질거리거나 음식물
이 잇새에 끼어 있다면 기분 좋게 잠들지 못할 것은 당연하다.

어째서 양치질을 하지 않으면 '기분 나쁜' 느낌이 드는 것일
까? 이는 양치질이라는 행위가 몸에 밴 당연한 일이 되어버렸기
때문이다. 사실, 공부도 양치질처럼 계속하면 습관이 된다. 하지
않으면 기분이 나빠지는 것이다.

뇌는
피로를 모른다

먼저 많은 사람이 가지는 오해를 풀어보자. 당신은 한창 공부하다가 일정 시간이 지나면 '머리를 써서 지쳤다. 머리를 쉬게 해줘야 한다'는 식으로 생각하는가?

분명 장시간 공부하면 머릿속이 가득 차 더 이상 생각할 수 없는 상태가 되기는 한다.

그러나 사실, 이때에도 뇌는 전혀 지치지 않았다. 도쿄대학의 이케가야 유지 교수는 공저 《해마(뇌는 결코 지치지 않는다)》에서 다음과 같이 서술했다.

'뇌가 멎어버리면 몸통도 오장육부도 전부 멈춘다. 잠자는 동안에도 뇌파는 끊임없이 일하고 꿈을 만들고 체온을 조절한다. 평생 계속 일해도 지치지 않는다.'

이케가야 유지 교수는 '지치는 것은 뇌가 아니라 몸, 특히 눈이 피로한 것이다'라고 말한다. 따라서 '뇌가 지쳤다'고 생각하며 하던 공부를 중단하는 것은 그리 효율적이지 못하다고 지적한다.

지친 뇌를 탓하며 지지부진한 수학 공부를 중단하고 쉬었다가 다시 공부해도 이내 질리거나 집중력이 바닥난다. 만일 뇌의 피로가 더딘 진도의 원인이라면 휴식 후에는 진도가 잘 나가야 한다. 그런데 휴식 후에도 진도가 여전히 지지부진하다면 그 원인은 분명 다른 데 있다.

피곤하다고 생각했을 때 작업을 중단하고 만화책을 읽거나 TV를 보는 것은 오히려 비효율적이다.

눈이 피곤한 것이기에 그 휴식은 오히려 악영향을 미칠 수밖에 없다. 만화나 TV도 당연히 눈에 부담을 준다. 만화나 TV를 권하지 않은 것은 다 이런 이유 때문이다.

이케가야 유지 교수는 책상 앞에 너무 오래 앉아 있어 피곤하다고 느낀다면 자리에서 일어나 가볍게 거닐며 공부 내용을 되새겨보라고 말한다. 뇌가 지쳐 있지 않다면 지금 학습한 것을 계속 생각하는 것이 효율적이다.

눈이 피로할 때를 제외하고 '뇌가 지쳤다!'고 느끼는 것은 나의 경험상 피로가 아닌, '싫증' 때문이다. 같은 과목을 계속 공부하면 뇌가 싫증을 내는데, 그것을 우리는 지쳤다고 착각하는 것이다.

그렇다면 '뇌가 지쳤다'고 착각했을 때 어떻게 집중력을 지속시키면 좋을까? 이제부터 그 구체적인 방법을 살펴보자.

연필
집중법

연필 집중법은 '아이 컨트롤법'이라고 불리는 것으로 어엿한 과학적 집중 방법이다.

예컨대 운동선수에게는 관객의 말소리나 카메라 플래시 등 경기에 방해되는 외적 요인들이 많다. 그들은 괜한 외적 요인에 영향을 받지 않는 방법으로써 연필 집중법을 사용하고 있다.

세트별 휴식을 취할 때 테니스선수는 라켓 그물을 매만지며 시선을 라켓에 의식적으로 고정함으로써 집중력을 높은 수준으로 지속시킨다.

이와 같은 맥락으로 공부를 할 때 '연필 끝을 보고 시작한다'는 규칙을 만들면 높은 집중력을 이끌어낼 수 있다.

나는 지금도 '가루타'를 한다. 최근에는 만화《치하야후루(ちはやふる)》의 영향으로, 꽤 많은 사람에게 그 존재가 알려졌다.

가루타는 체력, 정신력, 집중력, 암기력 등 다양한 능력이 요구되는 카드 게임이다. 이 게임에서 내가 가장 중요시하는 것은 집중력이다.

나는 가루타를 시작하기 전에 반드시 연필 집중법을 실행한다. 즉, 카드 끝을 응시하여 집중력을 최대한 끌어올린 뒤 게임에 임한다.

주변 환경의 영향을 물리치고 쉽게 집중력을 높이고 싶을 때는 이 '연필 집중법'을 실천해보자. 분명 큰 효과를 얻을 것이다.

스트레칭의
놀라운 위력

당신의 몸은 유연한가, 아니면 뻣뻣한가?

육체적 유연성과 정신적 집중력은 서로 떼려야 뗄 수 없는 관계에 있다.

한 교육기관에서 다음과 같은 실험을 했다.

몸이 뻣뻣한 아이와 유연한 아이를 같은 인원수만큼 모아 완전히 동일한 환경에서 공부를 시킨 것이다. 몸이 뻣뻣한 아이들은 이내 자리에서 일어나 이리저리 오가는 등 집중력을 금세 소진했다. 반면, 몸이 유연한 아이들은 꽤 오랜 시간 동안 집중력을 발휘했다. 결과에는 물론 이유가 있다.

몸이 유연할수록 전신에 혈액이 원활하게 운반된다. 혈액은 산소뿐 아니라 당분 등 뇌가 필요로 하는 영양도 함께 운반한다. 따라서 혈액순환이 나쁘면 뇌가 원활히 기능하지 못하고 그 결과 집중력 또한 저하된다.

그렇기에 스트레칭은 몸의 유연성을 높이고 집중력을 향상시킬 수 있는 좋은 수단이 된다. 특히 목욕을 마치고 하는 스트레칭은 집중력을 크게 높여준다.

물을 마시는 것만으로도
집중력이 증가한다

〈첨단 인간신경과학(Frontiers in Human Neuroscience)〉이라는 과학잡지에 게재된 한 연구에 의하면, 지적 작업에 집중하기 전 물을 마신 사람은 물을 마시지 않은 사람에 비하여 반응속도가 14퍼센트 빨랐다고 한다.

이 연구의 필자는 조금이라도 수분이 부족하면 인간의 지적 성과에 악영향이 미친다고 말한다. 우리 인간의 뇌는 80퍼센트가 물로 만들어져 있으니 이 연구 결과는 지극히 당연한 것인지도 모르겠다.

뇌의 혈류가 나빠지면 당연히 집중력이 저하된다. 그러므로 틈틈이 수분 보충을 해두자. 그러면 집중력은 오래도록 이어진다.

장시간 방에 틀어박혀 있으면 수분 부족이 되기 일쑤다. '물은 뇌에 매우 중요한 것'임을 분명히 명심해두자.

단시간에 OK!
인터듈 학습법

이 공부법은 장시간 집중력이 지속되지 않는 사람에게 유효하다.

인터듈(Interdule, 인터벌Interval과 모듈Module을 합쳐 만든 단어) 학습법에서는 '15분 + 5분'을 몇 번 하는가 하는 방식으로 생각한다. 2시간 공부하자고 하면 좀처럼 의욕이 생기지 않는 사람도 '15분간 바짝 집중하자!' 하면 공부하게 된다. 그리고 15분 뒤에 5분 동안 방금 전에 학습한 것을 복습한다.

'15분 + 5분'이 1세트다. 1세트가 끝나면 다음 과목으로 바꾼다. '2시간'이라는 큰 단위로 생각하기보다 '15분 + 5분을 6회'라는 작은 단위로 나눠 공부함으로써 '해낼 수 있다!'는 마음을 가진다.

단기간에 집중하는 데다 복습까지 하는 다소 욕심을 낸 공부법이다. 나 역시 대학생 시절에 기말 시험을 준비할 때 이 공부법으로 했다. 암기 과목이 많았는데, 이 공부법으로 나는 매우 큰 효과를 얻었다.

마음만큼은 얼마든지 할 수 있을 것 같지만 막상 장시간 공부하지 못하는 사람이라면, 일단 암기 과목부터 인터듈 학습법을 적용해보자.

냉수로 손 씻기의
놀라운 효과

공부에 매진하는 사람, 특히 수험생에게 가장 큰 적은 역시 잠일 것이다. 앞서 의욕이 생기는 효율적 수면법을 소개했지만, 어쩔 수 없이 잠은 찾아오게 마련이다.

잠이라는 강력한 적에게 간단히, 그러면서도 효과적으로 대응하는 방법을 지금부터 살펴보자. 그 방법은 바로 냉수로 손 씻는 것이다.

"냉수로 손 씻거나 세수하는 거? 그야 잠을 쫓는 당연한 방법 아닌가? 효과적인 방법이라는 게 고작 이거야?"

이런 반박의 목소리가 들려오는 것만 같다. 그런데 잠시 생각해보자. 당신은 매일 잠이 올 때마다 의식적으로 손이나 얼굴을 씻는가?

졸릴 때 냉수로 손을, 얼굴을 씻는다! 옛날부터 전해지는 삶의 지혜처럼 느껴지지만, 여기에는 명백한 근거와 효과가 있다.

손에는 뇌와 직접 연결된 신경이 가득하다. 이 신경들을 차가운 물로 자극함으로써 졸음에 취한 뇌를 깨울 수 있다.

간단해 보이는 '냉수로 손 씻기'에도 유념해야 할 포인트 두 가지가 있다.

① 물. 차가운 물이어야 한다.

② 어떻게 집중력을 회복하는가? 그 메커니즘을 생각하면서 씻을 것.

①의 강조점은 좀 더 차가운 물이다. 더 차가운 물일수록 뇌에 더욱 큰 자극을 줄 수 있다. ②의 메커니즘, '냉수로 손 씻기가 신경을 자극하고, 이 자극이 뇌로 가 집중력을 활성화시킨다'는 일련의 흐름을 생각하면서 손을 씻자. 이는 가짜 약일지라도 진짜라고 믿고 복용하면 실제로 병이 낫는 '플라시보 효과'와 일맥상통한다.

'손을 냉수로 씻으면 집중력이 회복된다!'

찬물로 손을 씻으면 뇌를 자극하는 것은 틀림없는 진실이지만, 이렇게 믿음으로써 더욱 분명한 효과를 기대할 수 있다.

또한 입시철의 추운 계절에는 그리 권하고 싶지 않지만, '냉수로 샤워하기'도 있다. 손뿐만 아니라 온몸의 신경을 일제히 자극하는 것이다.

도저히 잠을 쫓을 수 없다면, 무슨 짓을 해도 졸음이 온다면 이때는 냉수 샤워를 해보자.

물론 감기에 걸리지 않도록 주의할 필요는 있다. 시간을 낭비하지 않기 위해 시도한 방법이 오히려 감기를 들게 하고 컨디션을 망치게 한다면 그보다 어이없는 일도 없을 것이다. 겨울철에는 욕조에 따뜻한 물을 받아 몸을 담그고 컨디션을 조절하는 것도 좋다.

이상으로 소개한 '냉수로 손 씻기' 방법은 지극히 당연한 것이라 군이 소개할 필요가 있을까 하는 생각도 솔직히 했다. 하지만 이 사실을 메일매거진을 통해 사람들에게 소개했을 때의 반응은 기대 이상으로 좋았다.

'졸음이 달아나 그 이후 2시간이나 집중해서 공부했다!'

'이런 간단한 방법이 있었다니 놀랍다!'

대부분의 가정이 온수를 사용하다 보니 어쩌면 의식하지 않고는 실천할 수 없는 방법일지도 모르겠다. 물론 겨울철에 냉수로 손을 씻는 일은 쉽지 않을 테지만, 꼭 그 효과를 체험해보길 바란다.

Chapter 3 정리

학습 의욕과 집중력을 제어하는 데에도 요령이 있다.

1. 의욕이 생겨서 공부하는 것이 아니다.

   - 공부하기에 의욕이 생기는 것이다!
   - 단 1초라도 '일단은 시작해본다'는 것이 중요하고, 1초라도 공부할 수 있었다면 조금씩 시간을 늘려보자.
   - 4분간 공부를 이어가면 대성공! 우선은 쉬운 공부부터 시작하자.

2. 셀프 핸드캐핑을 하는 사람은 그 버릇을 의식할 것.

   - 동경하는 사람을 떠올리고 그 사람이 되었다는 생각으로 행동하자!

3. 욕망 노트를 만들자!

   - 새 노트를 준비한다.
   - 제1지망 대학이나 목표로 하는 시험에 합격한 뒤 하고 싶은 일을 적는다.
   - 의욕이 생기지 않을 때, 의욕을 상실했을 때 펼쳐서 본다.
   - 무심코 만화책이 읽고 싶어질 때는 그것을 노트에 기록한다.
   - 나름의 취향대로 욕망 노트를 변형시킨다.
   - 합격하는 순간을 반복적으로 머릿속에 그리고 뇌를 그 순간의 기분에 젖게 한다.

4. 공부가 싫다는 것은 선입견이다!

   - 시험 공부를 조금이라도 즐기자! 그 방법으로 '공부도 나쁘지 않다' 하고 마음을 바꿔보자.

5. 공부를 즐기기 위한 요령.

   - 성공 체험을 만든다. 가장 먼저 한문 공부를 해보자.

- 성과를 시각화한다.

- 공부하는 나 스스로를 '멋있다!'고 생각한다.

- 친구들과 경쟁한다.

  * 누가 먼저 숙제를 끝내는지 내기한다.

  * 모의고사의 성적으로 승부를 낸다.

  * 일문일답 배틀, 영영사전 배틀, 수학 배틀로 승부를 겨룬다.

6. 의욕이 생기는 휴식법, 수면법으로 의욕을 끌어올리자!

7. 공부하지 않으면 찜찜한 기분이 들도록 습관화한다.

- 뇌는 피로를 모른다. 지치는 것은 눈이다. 따라서 휴식 중에 만화책 읽기나 TV 시청은 피한다.

- 뇌가 지친 것이 아니라 집중력이 끊기고 싫증이 난 것이다.

8. 집중력을 지속하는 요령

- 연필 집중법을 실행한다.

- 스트레칭을 한다.

- 물을 마신다.

- 인터듈 학습법을 실행한다.

- 졸음이 오면 냉수로 손을 씻는다.

일류 대학에 들어가기 위해 어려운 문제를 풀 필요는 없다. 이런 말을 하면 '당치도 않다'라고 생각하는 사람이 많다. 도쿄대학이나 교토대학을 중심으로 한 일류 대학의 어려운 입시에 합격하기 위해서는 매우 어려운 문제를 풀어야만 한다고 생각하는 사람이 대부분이다.

실제로 나 역시 어려운 문제를 많은 시간을 들여 풀려고 했지만 결국 풀지 못하는 일이 많았다. 어려운 문제란 여러 영역의 문제가 뒤섞여 있는 것을 말한다. 시간을 들여 풀려고 해도 어느 한 영역을 모르면 조금도 풀 수 없다.

그 사실을 깨달은 나는 '간단한 문제'를 '대량으로 반복'하여 풀기로 했다. 물론 이 책의 Chapter 2에서 말했듯이 철저히 복습하면서 말이다. 간단한 문제를 완벽하게 풀 수 있게 된 순간 놀라운 일이 벌어졌다. 좀처럼 오르지 않던 표준점수가 70을 돌파한 것이다.

다른 과목도 그렇지만 특히 차곡차곡 쌓이는 부분이 많은 수학에서 가장 중요한 것은 기초 문제를 '순식간에' 푸는 것이다.

기초 문제집이라고 불리는 개념 정리 단계조차 풀 수 없는 문제가 많았다(개념 정리라고는 하지만 꽤 양도 많고 어려운 문제도 많다). 따라서 이 책보다 좀 더 쉬운 문제집을 완벽하게 풀 것을 권한다! 구구단처럼 순식간에 풀 수 있는 문제가 수학 성적을 올리는 포인트다.

물론, 수준에 맞는다면 기초 다지기용은 멋진 참고서이기 때문에 수학을 잘하는 학생들은 그저 부지런히 공부하자.

Chapter 4
머리 좋은
사람들의
공부 비법

'공부는 책상 앞에 앉아서'라는 고정관념

대다수 사람은, 공부는 당연히 책상 앞에 앉아서 하는 것이라고 생각한다. 이는 거의 철칙처럼 되어 있다.

그러나 나는, 공부를 꼭 책상 앞에서만 해야 한다는 말에 동의하지 않는다. 책상 앞에서뿐만 아니라 욕실에서 영어 단어를 암기할 수도 있고, 길거리를 걸으면서 스마트폰으로 영어 회화를 들을 수도 있고, 화이트보드 앞에 서서 수학 공식을 따져볼 수도 있다.

나는 '공부는 책상 앞에 앉아서'라는 고정관념을 일찌감치 내팽개쳤다. 공부를 그런 식으로 연결하면 왠지 숨 막히고 따분하고 고된 것처럼 느껴지기 때문이다. 물론 나는 책상 앞에서 공부하지만, 그 이상으로 욕실, 소파, 화장실, 공원, 길거리 등 참으로 다양한 곳에서 공부한다.

 욕실은
최고의 공부 장소

　욕실은 개인적으로 강력 추천하는 공부 장소다. 욕조 안에 있자면 긴장이 완전히 풀리기 때문에 오히려 머리에 쏙쏙 잘 들어온다.

　또한 머리 감을 때나 샤워할 때도 귀로 영어 단어나 문장, 고문 단어 등을 들으면 책상 앞에서 못지않은 어엿한 공부 시간이 된다.

　"욕조 안에서 공부하면 책이 금방 젖지 않겠는가?"

　대번에 이런 문제를 지적하는 사람이 있을 것이다. 그렇다. 매번 참고서를 들고 욕조에 들어간다면 그 종이책이 온전할 리 만무하다.

　그래서 나는 외워야 할 참고서를 복사한 뒤 클리어 파일에 넣어 욕실에서 사용한다.

　우리 집 욕실에는 옛날부터 암기해야 할 무언가가 늘 붙어 있었다. 알아두어야 할 명칭부터 용어, 단어, 세계지도 등등……. 사실, 어릴 적부터 욕실은 내게 공부방이었다. 그러나 '욕실에서 조차 공부해야만 하다니! 정말 싫다'라고 생각한 적은 단 한 번도 없다.

오히려 욕실에서 무언가를 암기하는 것을 나는 즐겼다. 어떤 정보를 붙여둔 부모님은 내게 그것을 억지로 암기시키려고 하지 않았다. 그저 그것을 함께 보며 여러 이야기를 들려주셨다.

예컨대 세계지도에 적힌 어느 나라 이름을 암기할 때는 그곳의 모습이나 특산물, 여행담 등을 곁들여 들려주었기 때문에 공부한다는 느낌을 전혀 갖지 못했다. '공부해야만 한다!'는 마음은 눈곱만큼도 없었고 자연히 학습을 즐겼다. 나는 이러한 학습 방식을 중·고등학생 시절은 물론 성인이 된 지금까지도 즐겨 사용하고 있다.

욕조에 몸을 담그지 않더라도 샤워하며 CD를 들으면서 공부할 수도 있다. 나는 영어 단어나 영어 리스닝 교재, 고문 단어가 담긴 CD를 자주 들었다(욕실용 스피커는 몇천 엔 정도면 살 수 있다).

혹자는 이렇게도 말할 것이다.

"욕실에 있는 시간만큼은 공부를 잊고 릴렉스하고 싶다!"

물론 욕실은 무엇보다 긴장을 푸는 공간이어야 한다. 결국은 어떻게 생각하느냐에 달렸다.

내 경우는 욕실에서의 시간을 유효하게 활용하고 욕실에서 나온 뒤 책상 앞에서의 시간을 릴렉스 타임으로 보냈다.

욕실에서 공부하는 이점은 사실 꽤 많다. 온수로 샤워함으로써 뇌와 밀접하게 연결되어 있는 피부가 자극을 받고 뇌가 활성화한다는 것은 실로 큰 이점이다.

또한 기본적으로 매일 욕실에 들어가기 때문에 공부를 습관화하는 데 유리하다. 당신도 오늘부터 욕실에서 공부를 시작해보는 것은 어떨까?

볼일 보며
공부한다

　화장실도 욕실과 마찬가지로 공부하는 장소로 활용할 수 있다. 벽면에 외워야 할 사항을 붙여두고 볼일을 보는 동안 암기하는 시간을 갖는 것이다. 하루 종일 볼일을 안 볼 수는 없다. 그러므로 화장실에서 볼일 볼 때마다 학습 메모를 보는 습관을 들인다면 꽤 여러 차례 효율적으로 암기할 수 있을 것이다.

방문과 현관문도
훌륭한 학습 도구다

    고등학교 시절, 우리 집 곳곳에는 학습 도구가 놓여 있었다. 계단 벽에도 암기해야 할 복사물이 붙어 있었고 문이나 창에도 여러 암기 사항들이 붙어 있었다.

    예컨대 내 방에서 복도로 이어지는 문에는 사자성어와 그 의미가 적힌 메모지가 붙어 있었다. 그곳을 지날 때마다 자연히 눈에 들어오기 때문에 자동적으로 학습되었다. 스테이플러로 찍어둔 뒤 암기한 것들은 한 장씩 뜯어냈다. 현관에는 고문의 중요한 단어를 메모하여 붙여두었다. A4 종이 한 장에 단어와 그 의미를 크게 적어놓고 오가며 자연스럽게 머릿속에 익혔다.

걸어가면서
귀로 공부하기

나는 지하철역에서 학교까지 가급적 걸어 다녔다(지하철역에서부터 학교까지는 도보로 약 30분 걸렸다). 걷는 동안 내가 직접 녹음한 영어 단어 음성 등을 들었다.

등하교 외에 어딘가로 외출할 때도 나는 이동하면서 반드시 이런 방식으로 공부했다.

전철로 이동이 꽤 많았지만, 오랜 시간 전철을 탈 기회는 적었고 자주 갈아타는 일이 많았다. 그런 이유도 있어서 이동 중에는 기본적으로 단순한 암기 과목을 들으며 공부했다.

영어 참고서나 단어장에는 흔히 CD 부록(또는 별매)이 있는데, 많은 이가 이것을 생각보다 잘 활용하지 않는 것 같다. 이는 절대 손해다. CD의 음원을 스마트폰 등에 담아서 갖고 다니면 어디서든 공부할 수 있다.

게다가 의욕이 생기지 않을 때는 켜두는 것만으로도 저절로

귀에 들린다. 그래서 좋다. 물론 기억하고자 마음먹고 들을 때
보다는 효율이 떨어지겠지만, 어쨌든 아무것도 하지 않는 것보
다 낫다.

왜 이토록 철저하게
공부 시간을 만드는가?

지금까지 나 자신이 자투리 시간을 얼마나 잘 이용해왔는지에 대하여 이야기했다.

'나는 그렇게까지 할 수 없다!'

'욕실과 화장실에 가는 시간만큼은 공부를 잊고 싶다!'

이 마음, 나 또한 충분히 이해한다. 그러나 한번 생각해보자.

매일 30분, 욕실에서 보내는 시간을 공부에 사용한다면 1년이면 얼마의 학습 시간이 될까? 단순 계산만으로 180시간 이상을 욕실에서 공부하게 된다.

욕실에서 보내는 시간이 즐거워 견딜 수 없고 자신에게 꼭 필요한 치유의 시간이라면 공부하지 않는 편이 더 좋을지 모른다. 그러나 만일 당신이 '단 1분도 낭비할 수 없다'라고 할 만큼 공부해야만 하는 상황이라면, 대입 합격을 목표로 하고 있다면, 이런 자투리 시간에도 공부하는 수밖에 없다.

학교 사용법

입시 공부를 하는 가운데 반드시 생각해봐야 할 것이 있다. 그 것은 학교 사용법이다.

학교 입장에서는 물론 당신이 합격하길 바랄 것이다. 그러나 여기서 마음에 담아둬야 할 것이 있다. 바로 학교 선생님은 결코 수험 전문가가 아니라는 점이다.

물론 학교 선생님은 자신의 해당 과목에서만큼은 전문가이 다. 그러나 수험이라는 영역에서 종합적으로 봤을 때는 전문가 라고 말할 선생님은 드물다.

수학 문제지를 나눠주고 그에 대한 상세한 해답을 나눠주지 않는 선생님이 있다. 수학은 문제를 풀고 이해하지 못하면 해설 을 차근차근 읽는 것이 중요한데 이는 그것을 못하게 하는 것이 다. 이유는 과제로 내주었을 때 그대로 베껴 쓰지 못하도록 하기 위해서라고 하지만 그것은 어디까지나 선생님의 사정이다. 제대로 공부하고 싶은 학생을 곤란하게 만드는 행동일 뿐이다.

물론 입시 공부를 하는 데 친구나 모르는 부분을 가르쳐주는 선생님이 있다는 것은 수험생에게 플러스가 된다. 그런데 주변의 그들이 때로는 수험생에게 '마이너스'가 되기도 한다는 사실을 분명히 의식해야 한다.

이런 선생님은 좀……

　교과목에는 입시와 무관한 것도 있다. 당연하지만, 입시 과목이 아닌 과목은 문제로 출제되지 않는다.

　낙제점을 받지 않을 정도로 시험 직전에 벼락치기로 공부하고 수업 중에는 다른 과목 공부를 한다.

　만일 낙제점을 받는다고 해도 그것으로 당장 유급이 되지는 않는다. 학칙을 위반하지 않는다면 더욱 그렇다(실제 나는 몇 번인가 낙제점을 받은 적이 있다. 음악 시험에서 학년 최하위 점수인 8점을 받은 적도 있다. 미국에서 온 음악 선생님이 '이건 너무 심하다'며 일본어로 중얼거린 적도 있다. 그 선생님과는 개인적으로 친했지만, 그것은 시험과는 별개의 문제다).

　그리고 여러 차례 같은 문장을 읽히고 저자의 주장에 대해 "나는 이렇게 생각하지 않는다!"라며 교사 자신만의 감상을 늘어놓아 논리적 독해를 방해하는 현대문 수업도 개인적으로는 고역

이었다. 실제로 내 고등학교 시절, 현대문 선생님이 그랬다.

그런 수업에는 영어 단어나 문법, 고문 단어나 문법, 사회 과목의 용어 암기 같은 단순한 공부가 안성맞춤이다.

수학이나 현대문은 곰곰이 생각해야만 하는 만큼 수동적으로 공부해야 하는 때는 적합하지 않다. 왜냐하면 수업과는 무관한 공부는 아무래도 선생님 몰래 해야 하기 때문이다. 나는 선생님이 화를 내도 어쩔 수 없다는 신념으로 당당히 다른 과목을 공부했지만, 이런 학습 태도를 견지하기란 사실 어려운 일이다.

여기서 강조해둘 것은 흥미로운 수업은 비록 입시와 관련이 없어도 들어서 나쁠 것이 없다는 점이다. 아니, 오히려 적극적으로 들어야 한다. 머리 환기도 되고 스트레스 발산 효과도 있기 때문이다.

나는 체육 수업을 매우 좋아하였기에 그 시간을 마음껏 즐겼다. 또한 스스로 완벽하게 공부했기 때문에 들을 필요가 없었던 윤리 수업도 유머러스하고 멋진 선생님의 수업이라서 귀를 쫑긋 세우고 들었다.

어디까지나 개인적 의견이긴 하나, 자신의 수업이 입시와는 무관한 교과목이라면 그 교사는 좀 더 학생들이 즐길 수 있도록 수업해야 한다. 그것이 어렵다면 "이 시간은 너희가 하고 싶은 공부를 해도 좋다! 대신 잠을 자거나 놀면 안 된다!"라고 말해야 한다.

중간·기말고사 공략법

중간·기말고사에서 좋은 점수를 받는 것은 대학 입시 같은 광범위한 시험에서 좋은 점수를 얻기보다 쉽다.

먼저 중간·기말고사는 학교에서 배운 것 외에는 묻지 않는다. 그리고 기본적으로는 교과서나 수업 노트, 학교에서 나눠준 프린트나 문제지로 충분히 대처할 수 있다.

추천으로 대학 입학을 목표로 하는 사람에게는 중간·기말고사에서 좋은 점수를 확실히 받아두는 것이 좋다. 이제 중간·기말고사 공략법을 살펴보자.

1. 수업을 마친 뒤에는 반드시 복습한다.

수업을 마친 뒤 단 몇 분을 사용하여 배운 범위를 대충 훑어본다. 여기서 첫 번째 복습을 해두면 시험 전 부담감은 크게 달라진다. Chapter 2에서도 이야기한 바처럼 공부한 직후가 가장 잊어버리기 쉽다. 수업이 끝난 몇 분 뒤는 복습의 황금 시간대이다! 잠깐이라도 좋으니 꼭 복습하자. 수업에서 배운 순간이 가장 암기하기 적합한 시기다. 놓치지 않도록 하자!

2. 참고서를 이용한다.

학교 시험은 교과서를 이용하는 일이 많다. 참고서에는 일례로 고전문의 경우에 교과서 본문의 품사가 분해되어 일일이 실려 있어서 어떤 교사들은 질색하지만, 나는 단연코 사용하는 게 좋다고 생각한다. 왜냐하면 그러는 편이 압도적이면서 효과적으로 공부할 수 있기 때문이다. 게다가 참고서로 공부하면 시험 공부에도 긍정적으로 작용한다. 품사가 분해된 고문을 음독하거나 자세한 의미가 적힌 한문을 읽는 등 특히 국어는 참고서로 공부하는 횟수가 많았다.

3. 아웃풋을 연습한다.

이 책에서도 강조했지만 '인풋', 즉 기억하는 것만으로는 쉽사리 좋은 점수로 이어지지 않는다. 건성건성 외웠다면 다음은 아웃풋을 연습하자. 실제로 문제집을 풀고 답을 맞히고 틀린 문제는 다시 풀어본다. 그런 기본적 태도로 꾸준히 공부해가면 중간·기말고사를 너끈히 준비할 수 있다.

4. 선생님이 강조한 부분을 유념하여 확인한다.

중간·기말고사를 출제하는 것은 당연히 학교 선생님이다. 그리고 선생님마다 출제 성향이 있다. 그것을 간파하여 얼마나 효율적으로 점수를 얻을지를 생각하자. 선생님이 수업 중에 강조했던 부분을 재차 확인해둔다.

그리고 시험 전에는 "선생님, 이번 시험에서 좋은 점수를 받고 싶은데요, 추천해주실 공부 방법은 없나요?" 하고 물어보는 것도 좋다.

"선생님, 이번 시험 문제 가르쳐주세요!"라고 노골적으로 요구하면 화를 내실지도 모르지만, 에둘러 질문하면 선생님으로서는 꽤 도움되는 정보, 대책법을 가르쳐줄 것이다. 선생님도 사람인지라 자기 과목을 열심히 공부하려는 학생이 있다면 좋은 점수를 받기를 바랄 것이다.

머리 좋은 사람은
목표를 세우는 것도 잘한다

당신에게 공부하는 목표가 있는가?

예를 들어 도쿄대학에 가고 싶다, 교토대학에 들어가고 싶다, 게이오기주쿠대학, 와세다대학에 합격하고 싶다 등등…….

목표를 세운다면 이 같은 목표를 꼽는 사람이 많은데, 실제로 이것은 목표라기보다 바람에 가깝다. 물론 누구나 강한 바람을 가지고, 그것을 달성하기 위한 개개의 '목표'가 있을 것이다.

그렇다면 이런 목표는 어떨까?

◆ 영어 단어를 완벽하게 공부한다.

◆ 현대문에 주안점을 둔다.

◆ 표준점수를 5점 올린다.

◆ 수학을 잘하는 과목으로 만든다.

이제야 다소 목표처럼 보인다. 그러나 이들 목표를 달성하는 것은 상당히 어렵다. 왜 그런가? 달성할 수 있는 목표가 '올바르게' 세워져 있지 않기 때문이다. 목표가 바르게 세워져 있다면 큰 힘을 발휘한다. 그런데 위와 같이 바르지 않은 목표를 세우면 플러스가 되기는커녕 오히려 마이너스가 돼버릴 우려가 있다.

그렇다면 '올바른' 목표란 어떤 것일까? 어떻게 하면 효과적인 목표를 세울 수 있을까? 당신의 목표가 올바른 목표가 될지 말지 다음의 체크리스트를 통해 스스로 확인해보자.

□ 그 목표에는 기한(언제까지 달성할지)이 들어 있는가?

□ 그 목표에는 구체적인 숫자가 들어 있는가?

□ 달성 가능 여부를 명확히 알 수 있는가?

□ 그 목표를 달성하고 싶다! 그러한 가슴 설레는 도전 정신이 있는가?(당신이 정말로 달성하고 싶다고 하는 바람과 분명히 이어져 있는가?)

□ 그 목표는 현실적인가?

□ 그 목표를 달성하기 위해 무엇을 하면 좋은지가 분명한가?

이상의 여섯 가지다. 이를 바탕으로 앞서 선보인 달성하기 어려운 목표 하나를 바른 목표로 바꿔보자.

예) 영어 단어를 완벽하게 공부한다.
시스템 영단어 1~500까지 중 95퍼센트 이상(475개 이상)을 영어 단어를 본 순간 간단히 우리말을 떠올릴 수 있도록 암기한다. 기한은 4월 30일 밤 23시까지. 확인은 30일에 1~500단어의 영어 → 우리말 시험을 치른다. 달성하기 위해 매일 등하교 중에는 반드시 시스템 영단어 CD를 들으면서 공부한다.

어떤가? '영어 단어를 완벽하게 공부한다'는 목표만으로는 무엇을 어떻게 하면 좋을지, 완벽하다는 것은 어떤 상태의 것인지 전혀 이해할 수 없다. 이처럼 문장이 다소 길어지기는 하지만 구체적으로 표현할 때 달성하기 쉬운 목표가 된다. 이제 당신도 체크리스트를 보면서 목표를 재확인해보자.

CD를
철저히 활용한다

자주 영어 참고서나 영어 단어장에 CD부록(또는 별매)이 붙어 있다. 그런데 활용하지 않는 사람이 의외로 많다. 이런 양상은 거듭 말하지만 절대로 손해다!

CD 음원을 스마트폰 등에 저장하고 다니면 어디서든 공부할 수 있다. 게다가 의욕이 생기지 않을 때에도 켜기만 하면 저절로 귀에 들린다. 군이 기억하려 애쓰지 말고 그저 듣기만 해도 된다. 물론 이때 효율은 낮아진다. 그러나 아무것도 안 하는 것보다는 단연코 낫다.

여러 차례 들은 음원의 경우, 배속을 높여 다시 듣자. 그러면 평소 절반의 시간으로 공부를 해나갈 수 있다.

배속을 높여 빠르게 듣는 이른바 '속청(速聽)' 행위는 뇌에도 좋은 효과가 있다. 속청을 반복하면 뇌가 빠른 속도로 학습하는 데 익숙해지기 때문에 평소 문장을 읽는 속도나 생각하는 속도

또한 높아진다.

중학교 시절부터 속청을 해온 나는 고등학교 3학년 때부터는 4배속의 속도로 음성을 들었다.

지금 당장 4배속으로 듣는 것은 매우 어려운 일이기 때문에 일단은 2배속 듣기부터 시작해보자. 2배속도 어렵다면 1.5배속으로 시작해보자.

처음에는 속도가 빨라서 이해하는 데 어려움을 겪을 수도 있다. 그러나 머지않아 뇌는 점차 그 속도에 익숙해질 것이다.

걸어 다니면서
음독한다

음독의 중요성은 Chapter 2에서도 이야기했다. 인풋과 아웃 풋을 동시에 행하고 기억력도 향상하는 획기적인 방법, 그것이 음독이라고 말했다.

이번에는 그 응용 버전을 소개해볼까 한다. 응용이라고 하기 에는 너무 간단하지만 대단히 놀라운 효과를 얻을 수 있는 방법 이다.

'걸어 다니면서 음독한다!'

단지 이것뿐이다. 걸으면 온몸의 근육이 움직인다. 근육을 움 직임으로써 뇌는 활성화되고, 의욕 물질인 도파민이 분비되기 때문에 특히 공부를 시작할 때 안성맞춤이다. 물론 '왠지 오늘은 잠이 온다'거나 '의욕이 생기지 않는다'거나 할 때는 큰 소리로 음독하면서 방 안을 거닐어보자.

걸으면서 잠을 잘 수도 없고 소리 내어 읽기 때문에 도중에 공부를 중단할 수도 없다. 잠시 이 방법으로 공부를 계속하면 이상하게 졸음도 깨고 의욕도 되살아난다. 이것을 또 한 번 응용한 것이 다음의 '화이트보드 공부법'이다.

화이트보드
공부법

화이트보드 공부법이란, 자신이 가르치는 입장이 되어서 하는 학습 방법이다. 즉, 선 채로 소리를 내면서 동시에 화이트보드에 쓰면서 공부하는 것이다.

어째서 이 같은 방법이 효과적일까? 선 자세로 화이트보드에 쓰면서 공부하는 것과 앉은 채로 노트에 쓰면서 공부하는 것은 무엇이 어떻게 다를까?

먼저 '서 있는' 것이 중요하다. 서서 공부하면 앉아서 공부할 때보다 더 많은 근육이 사용된다. 근육을 사용하면서 학습하면 뇌가 활성화되어 공부 내용이 머릿속에 더 잘 들어온다.

다음으로, 중요한 것은 목소리를 내는 것이다. 앉아서 묵묵히 공부할 때는 '쓰다'와 '보다'의 행위만으로 공부한다.

그러나 거기서 목소리를 냄으로써 '읽다'와 '듣다'의 행위도 더해지기 때문에 좀 더 많은 감각을 사용하면서 공부할 수 있다.

한 번에 많은 부분을 움직이면 그만큼 기억은 쉽게 정착된다.

예컨대 자신이 모르는 요리의 이름을 기억하려고 할 때 그저 그 이름을 메뉴판에서 보는 데 그치지 않고 실제로 주문하고 실물을 보고, 나아가 맛을 보고, 그 맛의 감상평을 여러 사람에게 들려준다면 어떨까?

메뉴판으로 봤을 때보다 훨씬 쉽게 기억될 것이다.

이는 한 번에 다양한 감각을 사용하고 있기 때문이다. 눈으로 보는 것뿐 아니라 소리를 내어 그 메뉴를 주문한다, 손을 움직여 그것을 먹는다, 혀로 맛본다, 감상을 나눈다…… 오감을 총동원하여 활용하는 것이다.

여기서 학교 선생님이 어째서 그토록 많은 양의 지식을 가지고 있는지를 생각해보자. 지금까지의 설명으로 알아차린 사람도 있을 텐데, 그들은 매일 몇 년 동안이나 '화이트보드 공부법'을 실행해오고 있다. 따라서 선생님들은 머리가 좋다.

교원 채용 시험에 합격하여 선생님이 된 지 1년밖에 되지 않은 사람은 그리 지식이 풍부하지 않다. 대학생 시절 중·고등학교에서 가르치는 공부를 계속 배워온 것도 아니고, 그 자신도 대학 입시를 치른 지 꽤 많은 시간이 지났다. 당연히 암기한 것도 잊어버렸을 것이다. 그 상태에서 방대한 지식을 머릿속에 넣을 수 있는 것은 '화이트보드 공부법'을 계속적으로 행하고 있기 때문이다.

화이트보드는 큰 것도 좋고 작은 것도 좋다.

최근에는 필름 같은 것도 있어서 저렴한 가격으로 구입할 수 있으니 흥미를 느꼈다면 꼭 실천해보자(여기서 '화이트보드'라고 말했지만 칠판 역시 같은 효과를 얻을 수 있다. 단지 집에 칠판을 준비하기 어렵기 때문에 '화이트보드 공부법'이라는 이름을 붙였다).

자기 목소리를
녹음하여 듣는다

스스로 음독한 것을 녹음하고 듣는 방법이다. 이 방법을 나는 지금도 즐겨 사용한다.

이 방법의 장점은 녹음할 때와 그것을 들을 때 두 번 암기할 수 있다는 데 있다. 분명하게 의미를 이해하면서 읽지 않으면 들어도 이해하기 어렵기 때문에 읽을 때 결코 방심하지 말자.

그리고 실제로 들을 때는 자신의 목소리라서 조금 신선하다. 자기 목소리를 녹음하고 들어보면 평소 듣는 목소리와 달라서 이상한 느낌도 든다. 그 이상한 느낌이 뇌를 자극하기 때문에 자신의 목소리라면 더 효과적이다(이 방법에 심취하여 성적을 올린 사람도 있다). 또한 녹음한 것을 듣는 공부법은 기본적으로 장소에 구애받지 않는다는 이점이 있다. 이어폰을 통해 들으므로 혼잡한 전철 안도 멋진 공부방으로 활용할 수 있다.

늘 시간을
의식한다

공부할 때, 영어 단어를 외우거나 수학 문제를 풀 때 여하튼 '빠르게'를 의식한다.

역사 교과서를 읽을 때도 여하튼 빠르게 읽는다.

물론 이해하면서 읽지 않는다면 의미가 없기 때문에 '이해가 되는 최대 속도'로 읽는다.

처음에는 힘들지 모르지만 차츰 뇌는 빠른 속도에 익숙해진 다. 그러면 좀 더 빠르게 읽도록 의식한다. 이렇게 함으로써 공 부하는 속도가 점차 빨라진다.

시험에는 시간제한이 있다. 시간이 무제한이라면 천천히 해 도 상관없지만, 60분 혹은 90분의 시간이 정해져 있기 때문에 그 시간 내에 문제를 풀어내지 않으면 안 된다.

평소부터 '빨리 한다'는 의식을 가지면 실제 시험에서도 초조 해하지 않고 여유를 가질 수 있다.

의식하는 것만큼
라이벌과 차이를 벌리는 묵독 방법

입시 공부를 하는 데에서 꽤 많은 시간 '읽는' 행위를 한다. 소리 내지 않고 눈으로 읽는 것을 묵독이라고 한다.

그런데 이 '읽는' 행위를 분명히 의식하는 사람은 그리 많지 않다. 이것을 의식하기만 해도 공부 효과는 크게 달라진다.

교과서를 그저 막연히 읽기만 해서는 그리 효과를 올릴 수 없다. 읽는 데에는 여러 목적이 있다. 따라서 그 여러 목적에 맞게 읽는 방법을 궁리할 필요가 있는 것이다. 읽는 공부법의 포인트를 살펴보자.

1. 전체를 이해하기 위해 읽는다.

역사 교재에서 전체 흐름을 파악하고 싶을 때는 가능한 한 빨리 읽는다. 단어를 기억할 필요는 없다. 문장의 의미를 이해할 수 있을 정도의 빠른 속도로 훑듯이 읽는다.

2. 암기하기 위해 읽는다.

무언가를 암기하기 위해 읽는 경우에 중요한 곳에서는 읽는 속도를 늦춘다. 그리 중요하지 않은 부분은 가볍게 읽어간다. 암기하고 싶은 부분은 한 번 읽은 뒤 읽기를 일단 멈춘다. 그리고 머릿속으로 그 부분을 떠올려본다. 수월하게 떠올릴 수 있었다면 계속 읽어 나아가고, 떠올리지 못했다면 다시 한 번 그 부분을 읽는다.

3. 반복하여 읽는다.

읽고 암기하는 공부법은 여하튼 반복하여 읽는 것이 포인트다. 한 번 읽기로 암기해버리는 사람은 거의 없다. 천천히 한 번 읽는 것보다는 빠르게 세 번 읽는 것이 더 효과적이다.

이 세 가지 패턴에 따라 읽는 방법을 달리한다는 것을 분명히 의식하자.

Chapter 4 정리

머리 좋은 사람은 '공부하는 요령'을 알고 있다!

1. 책상에 앉아서 하는 것만이 공부는 아니다.

   - 욕실, 화장실, 방문, 현관문, 통학로(도보·전철·버스) 등 어디든 공부하는 장소가 된다.
   - 이런 장소에서 하는 '자투리 시간'을 이용한 공부가 쌓여 마지막 큰 결실을 맺는다.

2. 학교를 어떻게 사용할지 한번 생각해보자.

   - 입시 과목이 아닌 교과목이나 재미없는 수업은 낙제점을 받지 않을 정도로 공부하고, 수업 중에는 자신에게 필요한 공부를 하자(암기처럼 단순한 공부를 권한다).

3. 그래도 치러야 하는 중간·기말고사의 공략법

   ① 수업을 마친 뒤에는 반드시 복습한다.

   ② 참고서를 이용한다.

   ③ 아웃풋 연습을 한다.

   ④ 선생님이 강조한 점을 재차 확인한다.

4. 소망을 달성하기 위한 '옳은 목표'를 세우자!

   '옳은 목표'인지 아닌지를 체크하는 리스트

   ☐ 그 목표에 기한(언제까지 달성하는지)이 포함되어 있는가?

   ☐ 그 목표에 구체적인 숫자가 들어 있는가?

   ☐ 달성 가능 여부를 명확히 알 수 있는가?

   ☐ 그 목표를 달성하고 싶다! 그러한 가슴 설레는 도전 정신이 있는가?
   당신이 정말로 달성하고 싶은 소망과 명확히 이어져 있는가?

□ 그 목표는 현실적인가?

　　□ 그 목표를 달성하기 위해 무엇을 하면 좋은지 분명히 하고 있는가?

5. 매일 공부에 활용할 수 있는 방법

- CD를 철저하게 활용하자.

- CD 음원은 등하교 중 또는 아무것도 하기 싫은 날에 매우 효과적이
  다. 여러 차례 반복하여 듣거나 속청하자.

- 걸으면서 음독하자.

- 화이트보드 공부법을 실행하자. 학교 선생님이 수업 중에 그렇게 하
  듯이 이번에는 스스로 '가르치는' 입장이 되어보자. 중요한 것은 '서
  있는' 것과 '소리 내는' 것이다.

- 자기 목소리를 녹음하여 들어보자. 녹음하고 그것을 듣는 행위로 두
  번의 암기가 가능하다.

- 시간을 늘 의식하자. 진짜 시험에는 시간제한이 있다. 그것에 익숙해
  지기 위해서라도 평소 '빠르게'를 의식하자.

- 의식하고 묵독하자. 묵독의 세 가지 포인트, '전체를 이해하기 위해 읽
  는다', '암기하기 위해 읽는다', '반복하여 읽는다'를 분명히 인식하자.

국사·세계사는 해리 포터다

역사 과목에 약한 사람 혹은 싫어하는 사람이 매우 많다. '암기 과목이라 재미없다', '외워야 할 것이 너무 많다'는 것이 가장 큰 이유다. 그런 사람은 먼저 역사 과목이 가지고 있는 부정적 이미지를 바꾸는 것부터 시작하자.

나는 국사와 세계사는 '해리 포터 같은 것'이라고 생각한다. 꼭 해리 포터여야 하는 것은 아니다.

나는 역사를 '등장인물이 많이 나온다, 자신이 좋아하는 이야기 같다'고 생각했다.

단순히 이야기로 생각하여 교과서를 읽으면 그저 닥치는 대로 암기하려고 읽는 것보다 훨씬 마음이 편하다. 그렇게 역사 과목에 대한 부정적 이미지를 조금씩 완화한 다음에는 구체적으로 어떻게 공부하면 좋을지를 생각해보자.

국사나 세계사의 핵심 포인트는 '시대의 흐름'이다. 언제 무슨 일이 일어났는가. 그것은 역사를 공부하는 데 절대적으로 빠뜨려서는 안 되는 부분이다. 뒤집어 말하면, 시대의 흐름

을 확실히 파악할 수 있는 사람은 역사에 강하다.

그러나 그저 암기만 해서는 재미가 없고 또 암기할 것도 너무 많다. 그러니 진도가 지지부진하거나 생각처럼 공부할 수 없는 사람은 역사의 배경에 눈을 돌려보자.

지금 당신이라는 사람이 살아가고, 당신의 뒤에는 부모님, 형제자매가 있을 것이다. 좋아하는 사람도 있을 것이다. 그리고 반에는 소중한 친구, 다소 서먹한 친구들이 있고 라이벌인 동아리 선배 등등도 있을 것이다. 이처럼 당신은 많은 사람과 관계하며 하루하루를 보내고 있다. 말하자면 이것이 당신만의 스토리다. 그리고 당신은 무슨 일인가를 한다.

예컨대 축구 경기에서 전국 우승을 했다고 가정해보자. 당신은 축구팀의 에이스다. 당신은 날마다 많은 훈련을 하고 선배들의 지도에 힘입어 팀 에이스로 발탁되었다. '최선을 다해 우승한다!'는 생각과 '에이스로 충분히 역할을 다할 수 있을까'라는 생각들로 머릿속이 소용돌이친다.

그러나 결국 당신은 우승을 이뤄냈다. 그 우승 이면에는 피땀의 노력이 있었고, 경기 당일 아침에 도시락을 싸주는 어머니의 정성이 있었다. 응원해주는 가족도 있었다. 당당히 맞서는 모습을 보여주고 싶은 여자 친구도 있었다. 여봐란듯이 승리하는 모습을 보여주고 싶은 친구들도 있었다. 이러한 여러 요인들에 힘입어 우승을 거머쥐게 된 것이다.

그러나 다음 해 축구잡지에 '전국 고등학교 축구 대회, 전년도 우승 ○○고교'라는 결과만이 역사로 남는다.

어떤가? 왠지 쓸쓸함 같은 것이 느껴지지 않는가?

우승한 것은 당신의 팀인데 역사에 남는 것은 학교 이름뿐이다. 당신이 공부해야만 하는 역사도 마찬가지다.

오다 노부나가는 천하 통일을 꾀했지만 그것에 반기를 든 아케치 미츠히데! 단 한 줄의 집약된 문장으로 의미를 이해할 수 있지만 여기에는 당시 '분하다!', '죽이고 싶다!', '대체 어째서?'라는 강한 감정이 녹아 있다.

역사는 '전쟁'의 반복이라고 해도 과언이 아니다. 앞에서도 조금 다뤘지만 역사에는 각각 많은 사람의 강한 욕망이 존재한다. 그리고 '전쟁'이 많은 것은 '싫다', '없애겠다', '분하다', '괴롭다'는 부정적 감정이 시대 상황 속에서 강력하게 마구 소용돌이쳤기 때문이다.

이런 식으로 역사 하나하나의 배경에는 많은 스토리가 있고, 많은 사람이 관여되어 있고, 많은 감정이 깔려 있다. 그것을 염두에 두고 역사를 공부하자. 그러면 지금보다 훨씬 더 재미있게 공부할 수 있을 것이다.

이과 과목을 공부할 때 사진을 곁들인 책을 옆에 두고 공부하면 교과서나 문제집만으로 공부할 때보다 큰 효과를 올릴 수 있다. 물체의 운동이나 화학물질의 반응은 문장을 읽는 것만으로는 좀처럼 머릿속에 떠올릴 수 없다. 만일 머릿속에 그릴 수 있다면 문제의 이해도는 확연히 달라진다.

화학 문제로 자주 출제되는 것 중 하나인 '색'도 사진과 더불어 공부하면 꽤 쉽게 암기할 수 있다.

예컨대 '리튬은 빨간색 불꽃반응을 보이는 원소다', 'BTB 용액이 노란색이 되었기 때문에 산성이다'라고 글자로만 설명한 것을 불꽃반응을 보이는 칼라 사진 한 장, BTB 용액의 반응 직전의 색을 보여주는 사진 한 장과 함께 게시한다면 훨씬 머리에 쉽게 남을 것이다.

물론 실제 화학반응을 눈으로 보는 것이 가장 인상에 남을 것이다. 하지만 현실적으로 여의치 않은 만큼 사진만으로도 훌륭한 학습 효과를 기대할 수 있을 것이다.

지인 중에 '화학 올림픽'에서 금메달을 수상한 친구가 있는데, 언젠가 그는 이렇게 투덜댔다.

"화학을 공부하는 데 사진을 곁들인 책이 없다니 이게 말이 돼?"

물리, 생물 같은 다른 이과 과목도 마찬가지다. 물리 역시 사진이나 그림이 실린 책으로 공부해야 한다는 말을 좀처럼 이해하지 못할 수도 있다. 그러나 한번 생각해보자. 물리 문제를 풀 때, '먼저 그림으로 그려서 문제를 이해하라'는 선생님의 말씀을 들은 적이 있을 것이다. 그림을 그린 뒤 문제를 풀면, 그리지 않을 때보다 훨씬 이해하기 쉽다.

현상을 눈으로 보고 이해하는 것이 무엇보다 중요하다. 이 '그림을 그리는' 행위는 그리고자 하는 그림을 본 적이 없다면 꽤 어려운 일이다. 따라서 온갖 물리 현상을 그림으로 설명한 책을 보면서 공부하면 매우 효과적이다.

이과 과목은 일상생활의 현상을 공부하는 것이다. 따라서 글자를 읽고 이해하기보다 눈으로 현상을 보고 이해하는 편이 압도적으로 쉽다.

Chapter 5
머리가 좋아지는 습관과 마음가짐

머리로 아는 것과 행동하는 것은 엄연히 다르다

여기까지 읽어오면서 여러 가지를 느꼈을 것이다. '이런 방법이 있었구나!' 하는 깨달음도, '이거 당연한 거 아니야!' 하는 생각도 있었을 것이다. 여기서 당신이 반드시 의식해야 할 것이 있다.

바로 '머리로 아는 것과 그것을 실제로 행동하는 것은 전혀 다르다'는 사실이다.

당연한 일이지만, '공부하는 방법'을 배우는 것만으로 절대 성적을 올릴 수 없다.

나는 지금까지 많은 학생을 봐왔다. 성적이 갑자기 오르는 학생, 그다지 변화가 없는 학생, 오히려 떨어지는 학생……. 여러 유형이 있는데 성적이 오르는 사람에게는 명확한 특징이 있다. 공통점이라고 말해도 좋다. 이 특징을 가진 사람은 반드시 성적이 오른다. 그 특징이란 무엇일까? 그것은 '어쨌든 실천한다'는 것이다. 그것도 짧은 시간에 행동으로 옮긴다.

당신은 두 가지 유형 중 하나일 것이다.

이 책을 읽고 '좋다'고 생각한 순간에 실천하는 사람, 아니면 좋은 방법이라고 생각하지만 바로 실천하지 않고 이내 잊어버리는 사람!

바로 이 지점에서 성적이 오를지 말지 판가름이 난다.

뭐든 즉시 한 가지라도 실천하는 사람은 성적이 오른다. 그대로 잊어버리는 사람은 성적이 오르지 않는다. 생각해보면 당연한 일이다.

여기까지 읽으면서 '아, 나는 성적이 오르지 않는 유형일지도 모르겠다' 하며 낙담하는 사람도 있을지 모른다. 그래도 괜찮다. 내일, 아니 오늘부터, 아니 지금 이 순간부터 달라지자!

이 책에는 지금 당장 실천 가능한 방법이 많이 소개되어 있다. 당신이 이 책을 읽는 장소가 집이든, 전철 안이든, 학교이든, 그게 어디든 상관없다. 중요한 것은 어디서든 무언가를 실천한다는 것이다. 먼저 여기까지 소개된 방법 중 어느 것이라도 좋으니 한 가지를 실천해보자.

모차르트 음악을 들으면
정말 머리가 좋아진다

천재 음악가 모차르트가 작곡한 클래식을 듣기만 해도 머리가 좋아진다는 '모차르트 효과'라는 것이 있다.

이는 1993년 과학 전문 주간지 〈네이처(Nature)〉에 게재된 것으로, '두 대의 피아노를 위한 소나타 D장조(K448)'를 학생에게 들려주었더니 지능검사 결과가 좋아졌다는 실험으로 유명해졌다.

이 효과로 '머리가 좋아지는 것은 들은 지 30분 뒤'라는 의견과 '실제로 머리가 좋아지는 것이 아니다'라는 부정적 의견이 다수 있지만, 개인적으로는 효과가 있다고 생각한다.

실제로 모차르트의 곡에는 긴장 완화의 효과가 있어서 '불면증'을 개선하는 방법으로도 사용된다. 나 역시도 공부 중에는 모차르트의 음악을 듣고 있다.

내게 공부에 대한 고민을 상담하러 찾아오는 많은 사람이 묻곤 한다.

"음악을 들으면서 공부해도 좋은가요?"

내 생각에, 알아들을 수 있는 노랫말로 된 가요 등은 그리 권하고 싶지 않다. 왜냐하면 공부에 집중하려고 해도 무의식중에 머리는 노랫말을 따라가기 때문이다. 게다가 대개 5분 정도의 노래가 많아서 곡이 바뀔 무렵에 집중력이 떨어지기도 한다.

그러나 모차르트의 곡이라면 상관없을 것이다. 한 곡이 30분으로 굉장히 길다. 그것을 조합하여 45분, 60분, 120분이라는 단위로 재생할 리스트를 작성해두자.

'이 리스트가 끝날 때까지 문제 10개를 풀자'라는 식으로 목표를 설정하고 재생을 시작하면 엄청나게 집중할 수 있다. 이것은 정말로 매우 효과적인 방법이기에 꼭 실천해보길 권한다.

머리가 좋아지는
식습관

여기서는 간단히 실천할 수 있는 '머리가 좋아지는 식습관'을 세 가지로 정리했다.

꼭 의식적으로 실천해보자. 특히 두 번째 항목은 혼자서 할 수 없기 때문에 중고생들은 부모님께 부탁해서 실행하길 권한다.

1. 아침에 일어나자마자 물 한 잔 마신다!

아침에 일어나면 왠지 머리가 멍하다. 이런 까닭에는 체내 수분이 부족한 것도 한 가지 원인이 될 것이다. 인간은 하루에 약 2리터의 물을 섭취하고 그쯤의 수분을 배출한다. 잠을 자는 동안에도 사실 땀으로 많은 수분을 잃는다. 물을 마시는 것만으로 집중력이 향상한다는 사실은 이미 Chapter 3에서 이야기했다. 아침에 물 한 잔을 마시는 습관은 집중력 향상뿐만 아니라 변비 해소나 자율신경을 정돈하는 효과도 가져온다. 건강에도 효과

가 매우 좋다. 잠자리에 들 때 역시 물 한 잔을 마시고 뇌의 혈액
순환을 향상시키자. 이러한 습관을 갖는 것만으로도 공부 효율
은 높아진다.

2. 점심에는 고기를 먹는다!

고기에는 세로토닌이라는 물질이 들어 있다. 세로토닌은 도
파민과 마찬가지로 공부와 깊은 관계가 있는 신경전달물질이
다. 세로토닌이 부족하면 쉽게 지치고, 의욕이나 집중력이 없어
지고, 쉽게 화를 내고, 불안해지는 등 공부에 나쁜 영향을 미친
다. 세로토닌은 우리 인간을 정신적으로 지원해주는 '행복 호르
몬'이라고도 불린다. 세로토닌을 충분히 공급함으로써 뇌는 진
취적이고 밝은 마음이 되고 의욕을 낳는다. 특히 오전 중 컨디션
이 나빠 뭔가 순조롭지 않을 때는 점심에 꼭 고기를 먹자.

3. 꼭꼭 씹어 먹는다!

'씹는' 동작을 하려면 '교근(咬筋)'이라는 근육을 사용해야 한
다. 교근을 사용하면 뇌의 혈액순환이 활발해지면서 뇌가 활성
화된다. 씹는 동작은 뇌에 적당한 자극을 주기 때문에 졸음을 깨
위주는 효과도 있다.

밥을 꼭꼭 씹어 먹으면 포만중추가 자극되어 과식을 막아주
는 효과도 있다. 과식하면 혈액은 복부에 집중되기 때문에 잠이
오거나 머리가 움직이지 않는다. 그것을 막기 위해서라도 밥을
꼭꼭 씹어서 먹자.

나는 공부 중에 집중력이 바닥나려고 할 때나 졸음이 올 때 자주 자일리톨 껌을 씹는다. 필요할 때 없으면 안 되기 때문에 책상 위에 늘 2통 정도 준비해둘 만큼 껌 애호가다.

# 음식점에서 할 수 있는
두뇌 발달 트레이닝

자주 사용하는 근육은 발달하고 그렇지 않은 근육은 쇠퇴하게 마련이다.

뇌도 마찬가지다. 기억하려는 행위를 빈번히 할수록 우리의 '암기력'은 점차 강해진다. 그러므로 일상생활에서 때와 장소를 가리지 말고 머리를 사용하자.

예를 들어 음식점에서 식사를 할 때, 당신은 먹을 음식을 결정했지만 함께한 가족들은 아직 무엇을 먹을지 결정하지 못하고 있다.

그럴 때 영어 참고서를 가지고 있다면 영어 단어를 암기하면 될 것이다. 물론 아무것도 가지고 있지 않아도 두뇌 훈련은 가능하다.

메뉴판에 적혀 있는 음식들을 위에서부터 순서대로 암기하는 것이다. 만일 메뉴판 음식들을 외우는 것이 손쉬웠다면 가격도 함께 암기해버리자.

물론 메뉴판 음식 목록이 시험에 나올 리 만무하다. 이런 행위를 하는 이유는 암기력을 단련하기 위해서이다. 이는 평소 공부하는 데 필요한 암기력 강화에 큰 도움이 된다.

일상생활에서 할 수 있는 '두뇌 트레이닝'은 그 외에도 여러 가지가 있다.

예컨대 길을 걷고 있을 때, 눈에 들어온 숫자를 전부 더해본다. 거리를 걸으면 숫자는 얼마든지 볼 수 있다. 자동차 번호나 가게 전화번호 등등 그것들을 점차 더해가자. 덧셈에 익숙해지면 뺄셈이나 곱셈에 도전하는 것도 좋다.

점차 수준을 높이면 자동차 번호판을 이용하여 네 자리 숫자를 사용하여 10을 만드는 게임에도 도전해보자. 예컨대 6372라는 번호판이 있다면 $(6 \div 3)) \times (7 - 2)$ 하면 10이 된다. 이런 식으로 계산 능력을 강화할 수도 있다.

○○○하는 것만으로도
집중력과 기억력이 대폭 향상된다

놀랍게도 현대인의 90퍼센트 이상이 일상적으로 '산소 결핍' 상태에 있다고 한다.

생명을 유지하는 데 없어서는 안 되는 산소! 조금 의식적으로 호흡을 멈춰보면 알 테지만, 단 몇십 초만 숨을 참고 있어도 굉장히 고통스럽다. 그만큼 산소는 살아가는 데 없어서는 안 되는 것이다.

그러나 현대인 대다수는 일이나 공부에 대한 스트레스로 말미암아 저도 모르게 호흡을 얕게 한다. 산소가 부족하면 집중력이나 기억력은 본래의 힘을 발휘할 수 없다.

결국 90퍼센트 이상의 사람은 정도의 차이가 있지만 산소 결핍 상태에 빠져 본래의 능력을 충분히 발휘하지 못한다.

'늘 졸립다!'

이런 사람은 산소가 부족한 상태에 있을 확률이 높다.

여기까지 읽었다면 ○ ○ ○에 들어가는 단어가 무엇인지 알아챘을 것이다. 맞다. 답은 '심호흡'이다. 제대로 된 심호흡을 틈틈이 하기만 해도 공부 효율을 대폭 높일 수 있다. 이 방법은 너무도 간단한 것이므로 지금 당장 실천해보자.

벽과 레몬

당신은 지금 어떤 방에서 공부하고 있는가? 공부 환경 또한 입시에 큰 영향을 준다. 여기서는 공부 환경을 만드는 방법을 살펴보자.

1. 책상을 벽에 붙이지 말고 의자 등받이가 벽에 닿도록 방향을 바꿔 배치한다.

이 책을 읽고 있는 당신은 벽을 향해 앉아 공부하고 있지 않은가? 나 역시도 이 방법을 알기 전까지 그렇게 공부했다.

만화 《고르고 13》에는 주인공으로 저격수 '듀크 토고'가 등장한다. 그는 무엇이든 자신의 등 뒤에 서 있는 것을 극도로 싫어해서 의뢰 내용을 들을 때도 벽이나 기둥에 기대어 자리한다.

그의 예가 극단적이라고 해도 인간은 뒤에 공간이 있으면 그것을 신경 쓰게 된다. 당신도 무서운 이야기를 들은 뒤에는 무심코 뒤를 돌아볼 것이다.

무서운 이야기를 한 뒤에는 평소보다 '뒤쪽 공간을 신경 쓰는' 성질이 현저히 나타나기 때문에 무심코 돌아보게 되는데, 그렇지 않다고 해도 뒤쪽에 공간이 있으면 인간은 '무의식적으로' 신경 쓰게 마련이다.

결국 뒤를 돌아볼 정도는 아니더라도 뒤가 신경 쓰인다. 따라서 뒤를 벽으로 함으로써 공부 집중력을 높일 필요성이 있다.

2. 책상 위에 레몬을 둔다.

레몬의 시큼한 향기에는 정신을 자극하고 기억력을 강화하는 효과가 있다. 또한 졸음 방지에도 도움이 된다. 만일 좀처럼 졸음을 견딜 수 없다면 그대로 베어 먹자! 신맛과 씹는 느낌에 잠이 확 깰 것이다. "공부만 하면 잠이 온다" 하는 사람에게 안성맞춤인 과일이다.

게다가 레몬에 다량으로 함유된 '구연산'에는 피로를 회복하는 효과와 피를 맑게 하는 효과도 있으니(피가 맑아지면 집중력이 상승한다) 입시 공부를 하는 데 도움이 된다.

우선 이 두 가지만 가지고 공부 환경을 만들어보자.

좋은 문방구를
갖춘다

당신은 어떤 문방구를 사용하는가?

쓰고 금방 버릴 생각으로 구입하는, 저렴한 샤프펜슬과 쉽게 문드러지는 지우개, 사인펜 같은 것으로 테두리가 쉽게 얼룩지는 자 등등…….

이러한 문방구도 나름의 검약한 개성이 있어 좋을지 모른다. 하지만 공부는 앞으로 계속 이어가야 하는 만큼 문방구도 다소 좋은 것을 쓰는 게 어떨까?

내 경우를 말하자면, 샤프펜슬만 하더라도 나는 가장 비싼 것을 산다.

'사용법이 단순할수록 성능이 좋다'라는 것이 나의 지론이다. 쓰기 편하거나 기능이 좋거나 하는 등의 좋은 물건은 좋은 만큼 비싼 법이다.

공부는 '투자'다. 자신의 가치를 높이는 수단인 만큼 올바른 공부법으로 투자하면 그에 걸맞은 성과를 기대할 수 있다.

그러한 공부를 하는 데 필수 도구인 문방구에도 '투자'함으로써 자신에 대한 자신감 그리고 동기를 높이자. 비싼 물건을 산 뒤, 그것을 사용하지 않으면 아깝다는 생각이 들어 더 사용하게 되는 게 우리 인간이다.

고급 문방구는 사용하지 않고는 배길 수 없게 만듦으로써 공부 의욕을 불러일으킨다.

사실, 문방구뿐만 아니라 어떤 물건이든 사용하는 동안에 애착이 생기게 마련이다. 그런 만큼 오래도록 사용해도 흠잡을 데 없는 좋은 물건을 구입하는 것은 분명 합리적인 소비다.

이 글을 쓸 무렵 내 주변의 교토대학 학생들과 문방구에 관하여 잠시 이야기를 나누었는데 그들 모두가 특정 회사의 상품을 애용하고 있음을 알았다. 그들은 모두 최고급까지는 아니더라도 제법 값나가는 문방구를 사서 쓰고 있었다.

그들은 진중하게 공부하면서 자연히 자신에게 맞는 문방구를 발견했을 것이다. 진지하게 공부하는 사람들은 문방구에도 나름의 고집을 가진다!

효과적인
북스탠드 활용법

당신은 북스탠드를 사용하고 있는가?

책을 펼친 상태로 잡아주는 북스탠드라는 것이 다소 생소한 이도 있을지 모르겠다.

북스탠드 사용 시 최고의 이점은 책을 읽을 때 눈과 몸이 피로하지 않다는 데 있다. 이는 가장 편안한 각도로 조절할 수 있는 북스탠드의 기능 때문이다.

손으로 책을 잡아 읽다 보면 자연히 머리가 책을 덮는 듯한 자세가 된다. 이러한 자세는 몸이 곧 피로해져 집중력 저하를 가져온다.

또한 머리를 숙이게 됨에 따라 책에 그림자가 생겨 어두운 가운데 글자를 읽게 된다. 이것만으로도 눈이 피로해진다.

반면, 북스탠드를 사용하면 책에 그림자가 생기지 않아 눈의 피로를 확연히 줄일 수 있다.

또 다른 장점은 양손을 자유로이 움직일 수 있다는 것이다.

책을 읽으면서 필기하는 일은 흔한 상황이다. 만일 북스탠드를 사용하지 않으면 한손으로 책을 누르고 다른 손으로 필기해야 한다. 사람은 손끝에 집중력이 가기 쉽다고 하는데, 이 상태로는 필기보다는 책을 누르는 일에 집중할 우려가 있다.

그러니 필기하면서 공부할 때에는 북스탠드를 사용하자.

Chapter 5 정리

습관이나 마음가짐을 의식적으로 바꾸자!

성적이 오르는 사람의 공통점은 '일단 실천한다'이다.

'내일부터 하자'가 아니라 지금 이 순간부터 시작하자.

1. 모차르트의 음악을 공부용 BGM으로 만들어 활용하자.

2. 아침에 일어나면 물을 마시고 점심에는 고기를 꼭꼭 씹어 먹자.

3. 음식점 메뉴판으로, 거리 간판의 숫자 등으로 두뇌 트레이닝을 하자.

4. 공부 환경을 정비하자.

　① 책상은 의자 뒤가 벽이 되도록 배치한다.

　② 책상 위에 레몬을 둔다.

5. 좋은 문방구를 사용한다.

　- 오래 사용해도 질리지 않는 질 좋은 문방구를 구입한다.

　- 북스탠드를 사용한다.

모의고사 사용법

　많은 학생이 모의고사를 그저 실력을 알아보는 정도로만 생각하는데, 이는 참으로 아쉬운 일이 아닐 수 없다. 모의고사가 끝나면 간단히 답을 맞춰본 직후 기뻐하거나 아쉬워한다. 분명 모의고사를 치른 뒤는 매우 지쳐 있기 때문에 그런 마음도 충분히 이해가 간다. 해방감을 만끽하면서 노래방에 가거나 게임을 한다.

　그러나 이제부터는 그런 마음을 억누르자.

　두뇌를 모두 사용하여 시험을 치른 직후, 문제를 푼 기억이 뇌에 여전히 선명하게 남아 있는 동안 해설을 숙독하고 다시 문제를 풀어보자. 나는 학생들에게 늘 강조한다.

　"모의고사는 보고 있을 때는 실제가 아니다. 집에 돌아와 피곤하더라도 다시 풀어보는지 마는지, 그것이 진정으로 승부가 갈리는 시점이다!"

　그리고 모의고사를 본 그날 중에 해설을 숙독했다면 일주일 뒤 다시 한 번 모의고사에 나온 문제들을 풀어보자. 그래서 만점을 받는다면 OK! 만점을 받을 때까지 풀어보자. 모의고사 시험지에는 좋은 문제가 매우 많다. 그러니 꼭 자신의 것으로 만들자.

▶ TIP ◀
입시는 정보전!

이 책에서는 꽤 많은 분량을 할애하여 주로 공부하는 방법에 대하여 설명했다. 여기에는 내가 수험생 시절에 실제로 사용한 방법도 있고, 대학생이 된 뒤 다른 기회를 통해 효과를 실감한 또 다른 방법도 있다.

만일 내가 여기에 실린 모든 공부법을 수험생 시절에 알았더라면 교토대학에는 훨씬 더 여유롭게 합격했을 것이다. 그만큼 그 사람의 능력에 상관없이 아는 것만으로도 차이가 벌어지는 정보는 입시 세계에 숱하게 많다.

우선 살펴야 할 것은 '지망 학교의 정보'이다. '그 대학은 그 학부가 가장 들어가기 쉽다', '정원은 몇 명이다'에서부터 '입시 과목의 배점 차이는 어떠하다', '어느 수준의 학생들이 합격하는 대학인가?'까지!

그리고 입학 후 생각했던 바대로 대학생활을 하기 위한 정보도 챙겨야 한다.

예컨대 교토대학 의학부와 오사카대학 의학부 어느 쪽이든 들어갈 수 있는 학생이 있다고 치자. 향후 환자를 치료하는 의사를 꿈꾸는 그는 표준점수가 높은 교토대학 의학부 대신 오사카대학 의학부를 지원했다. 그는 연구에 강한 교토대학보다 임상에 강한 오사카대학이 자신의 꿈을 이루는 데 더 적합하리라 판단한 것이다.

대학에는 각각 특색이라는 것이 있고, 표준점수만으로 모든 대학의 순위가 정해지는 것은 아니다. '자칫 합격하여 입학했지만, 무언가 예정과 다른' 일이 벌어지지 않도록 정보를 수집하는 것도 중요하다. 무엇보다 대학을 선택할 수 있도록 확실한 공부와 입시 관련 정보를 모을 필요가 있다.

다음으로 '공부 방법에 관한 정보'가 있다.

이것은 이 책에서 소개한 것이거나 '양서'라고 불리는 좋은 참고서에 관한 정보다. '좋은 참고서'란 대부분의 사람이 사용한 것이거나 소위 엘리트가 공부한 것으로, 타 참고서와는 차별화된 효과적인 공부법을 가르쳐주기도 한다.

이러한 정보를 아는 사람은 그만큼 득이고, 모르는 사람은 그만큼 손해이다. 이는 실제로 입시에서 큰 차이를 낳는다. 여하튼 알고 있는 것만으로 힘들이지 않고 유리하게 공부할 수 있기 때문에 이 정보는 적극적으로 수집해야 한다. 나도 이 '참고서 정보'는 당시 가지고 있어서 좋았다고 생각한다.

정보전이라고 불리는 입시이지만, 이것을 철저히 수험생에게 전달하는 것이 소위 명문고 진학지도부다.

그곳에서는 학교 측이 '좋은 참고서'에 가까운 교재를 사용하거나 학생 본인이 자신도 모르는 사이에 '참고서 정보'를 알고 효과적으로 공부해가는 시스템을 갖추고 있다.

또한 명문고일수록 유명한 대학에 합격한 선배가 많은 법이다. 학생은 여름까지 함께 놀거나 동아리 활동을 해온 선배가 도쿄대학이나 교토대학에 합격하는 것을 보고 '저 선배가 들어갔다면 나도 해낼 수 있다', '저 대학에 들어가는 것이 결코 허황된 꿈은 아니다' 하며 충분히 자신감을 가질 수 있다.

또한 내신등급이나 전형이라는 단순한 데이터밖에 없는 정보가 예컨대 '여름까지 하위등급이었지만 대학에 합격한 선배'라는 존재에 의해서 그들에게 좀 더 현실적으로 피부와 와닿는 정보로서 들어온다.

실제로 주변에서 낮은 내신등급 때문에 의기소침했던 선배가 합격하면 '나도 할 수 있다'거나 '여름에 내신등급이 낮아도 기죽을 필요 없다'고 생각하지 않을까.

이것으로 '명문고 출신의 똑똑한 학생은 이길 수 없다'고 주눅 들지 말고 '뭐야, 그런 거야?' 하며 정보를 적극적으로 모아 받아들인다면 당신은 이미 입시에서 유리한 고지를 선점하게 될 것이다. 당연히 합격은 코앞으로 다가온다!

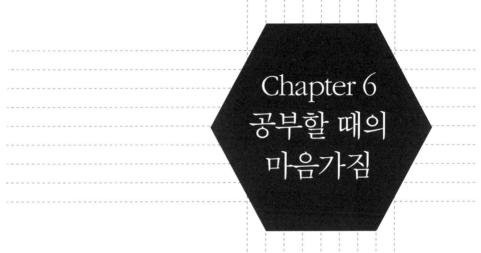

Chapter 6
공부할 때의
마음가짐

미래는
알 수 없다

의외로 많은 이가 '어차피 나는 무리야' 하며 포기한다. 나는 그런 사람에게 늘 말한다.

"해보지 않고는 아무것도 몰라!"

정말로 많은 사람이 하기 전부터 못할 것이라고 단정한다. 이처럼 부정적인 사고를 가진 사람은 못하는 이유가 더욱 많아진다.

'나는 머리가 나빠!'

'아마 또 시험을 망치겠지!'

'집중력이 없기 때문에 공부를 계속하지 못해!'

이런 식으로 점차 할 수 없는 이유를 쌓아가고 그 결과 정말로 실패하고 만다.

할 수 있는 이유를 쌓아간다

앞서 성공 체험을 쌓아가야 한다고 말했다. 이것과 같은 맥락이다.

공부하는 마음가짐에서 중요한 것은 '자신이 할 수 있는 이유'를 쌓아가는 일이다. 이는 중간·기말고사나 모의고사 결과에 국한되지 않는다. 그 이유에 근거가 없어도 좋다.

'오늘은 전철 시간에 간신히 맞췄다! 나는 운이 좋으니 대학에도 합격할 거야!'라는 식으로 공부와 전혀 관계없는 것이라도 좋다. 그 이유를 날마다 일상 속에서 쌓아가자.

'바꿀 수 없는 것'을 마이너스에서 플러스 요소로 전환하는 것 또한 중요하다.

예컨대 학교가 멀어 등하교에 시간이 제법 걸린다고 가정해보자. 학교에서 집까지 장시간 오가느라 공부 시간이 적다고 생각할 사람이 많겠지만, 여기서 잠시 생각해보자.

매일 전철 안에서 공부한다는 규칙을 정하면, 언제나 등하교 하는 그 시간을 규칙적으로 공부하는 데 사용할 수 있다.

지금 부정적인 상황에 놓여 있는가? 그렇다면 시점을 달리하여 긍정적인 상황으로 몰아가자. 긍정의 마인드에는 엄청난 힘이 있다.

'have to'에서 'really want'로

'have to'는 기초 영문법 수준으로, '~해야 한다'의 뜻임을 잘 알고 있을 것이다. 이 마인드에서 우리는 좀 더 확장해야 한다. 바로 '~하고 싶다!'는 'really want'로 말이다.

말할 것도 없이 'have to'에 비해 'really want'에는 긍정적이고도 진취적인 사고방식이 녹아 있다.

'해야 한다'고 생각하면 돌연 하기 싫어지지 않을까? 세탁, 방 청소, 쓰레기 버리기, 그리고 공부! 일상의 생활에는 '해야 하는' 일은 많다. 분명히 제대로 생활하기 위해서는 모든 일을 해야 하지만 그 모든 것을 '해야만 한다'는 강박관념에 빠지면 점차 마음에 여유가 사라진다.

그래서 나는 해야만 하는 일이 떠오른 순간, 'have to'에서 'really want'로 사고를 전환한다.

자기암시 같기도 한 이 사고가 물론 처음에는 쉽지 않다. 그러나 꾸준히 습관화하면 자연히 사고 궤도가 바뀐다. 'have to'의 사고를 감지한 순간 'really want'로 머리가 돌아가게 되는 것이다.

이를 공부에도 적용해야 한다. '시험에서 좋은 점수를 받기 위해 공부해야 한다'에서 '좋은 점수를 받고 싶다. 그러기 위해 공부한다!'로 생각 전환을 하는 것이다.

무언가에 쫓겨서 무작정 공부하는 사람에서 스스로 목표를 설정하고 움직이는 사람으로 거듭나자. 이 양자의 동기가 얼마나 큰 차이를 낼지는 충분히 예상할 수 있을 것이다. 그리고 어느 쪽이 좀 더 성과를 낼지도!

'have to'에서 'really want'로의 사고 전환을 매순간 반복하자. 그러면 정말로 기꺼이 목표를 향해 나아가게 될 것이다. 당신의 모든 능력이 발휘되면서 말이다.

공부는
단숨에 할 수 있다

공부에 힘쓰는 당신! 그럼에도 이전에 틀린 문제를 또 틀리고, 공부 시간을 늘렸는데 좀처럼 모의고사에서 성과가 나오지 않는 일은 있을 것이다.

앞에서 에빙하우스의 망각곡선을 살펴본 바 인간은 원래 잊는 것이 당연한 동물이다.

그러니 절대로 주눅 들지 말자. 천재일지라도 복습하지 않으면 잊어버린다.

'최대한 암기했다. 연습 문제도 여러 차례 풀었다. 그런데도 성적이 오르지 않는다!'

이러한 경험은 누구에게나 있다.

공부 시간을 늘리면 늘릴수록 분명 암기하는 것은 많아진다. 그러나 공부 내용이 그리 간단하지는 않다. 인간도 단순하지 않다. 공부 시간에 '비례하여' 성적이 오를 것이라는 생각은 현실적으로 맞지 않다. 혹시라도 이러한 말에 충격을 먹었다면 이는 완전 백해무익한 것이니 얼른 그 충격을 뱉어버리자.

그렇다면 실제로 인간은 어떻게 성장해가는 것일까?

생후 1개월 정도 된 아기를 떠올려보자. 아직 신장은 50센티미터 정도에 체중은 4킬로그램 정도다. 이 아기는 반년 뒤에는 신장 75센티미터, 체중은 2배인 8킬로그램까지 성장한다. 지금의 자신은 반년 만에 신장이 15센티미터나 자라지도 않고 체중이 2배가 되지도 않는다. 그만큼 급격한 성장을 보이는 것이 이 무렵의 아기다.

아기가 1년 동안에 성장하는 근거가 되는 것이 '성장곡선'이라고 불리는 그래프다. 이 시기의 아기는 급격한 성장을 이루기 때문에 그 그래프도 급격한 곡선을 그린다.

흔히 학력이라 불리는 능력이 발전하는 양상은 이상하리만치 아기의 '성장곡선'과 완전히 궤를 같이한다.

한편으로 그 성장의 순간까지는 완만한 직선 기울기로 우리의 학력은 성장한다. 확실히 성장하고는 있지만 우리의 머리는 '공부 시간에 비례하여 학력이 오른다!'고 믿으므로 이 시기에 이상과 현실 앞에서 고민하게 된다.

이 시기에 모의고사라도 치른다면 '그토록 열심히 공부했는데', '공부가 적성에 맞지 않는구나' 하며 자신도 모르게 좌절하고 물러서게 된다. 그러나 당신의 학력은 그렇게 떨어져 있을 때에도 서서히 성장하고 있음을 믿어라. 이는 다시 찾아올 급격한 성장을 위해 힘을 축적하고 있는 상태이기도 하다. 여기서 좌절

한다면 더 이뤄낼 정도의 대역전의 성장도 달성하지 못한 채 정말로 끝나버린다. 그러니 절대 기죽지 말라.

　인간은 순조롭게 성장하지 않지만 포기하지 않는 만큼 확실히 조금씩 그리고 언제인가 크게 성장할 힘을 가지고 있다. 지금은 그날의 영광을 위해 진득하게 교과서를 펼치고 공부할 때이다.

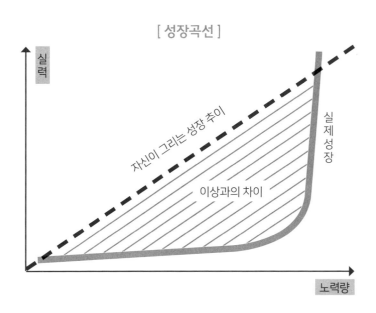

[성장곡선]

실력

자신이 그리는 성장 추이

실제 성장

이상과의 차이

노력량

시간이
무한정으로 있다고 생각하는가?

당연한 이야기지만 우리에게 주어진 시간은 유한하다. 이렇게 말하면 초조해질지도 모르지만, 당신이 이 책을 읽고 있는 지금 이 순간에도 시험 날짜는 시시각각 다가오고 있다.

물론 공부를 하는 데 지나치게 초조해하고 불안해해서는 안 된다. 그러면 공부하는 가운데 매우 중요한 '복습'이 소홀해지기 때문이다.

또한 초조감 때문에 이해가 불충분한 채로 다음 단계로 넘어가게 된다. 따라서 너무 초조해하지도, 너무 느긋해하지도 말자. 이것이 공부하는 데 최고의 정신 상태다.

이제 구메하라 학원에 다니는 학생들이 던진 질문에 답하고, 나아가 수험생을 둔 부모님들이 어떤 점에 주의를 기울여야 하는지에 대하여 이야기를 해볼까 한다.

공부 Q & A

Q 틀린 수학 문제를 다시 푸는 게 중요하다는 것은 알고 있지만, 그럴 마음이 생기지 않는다. 어쩌면 좋을까?

A 틀린 문제에 대한 나쁜 이미지가 있다. 몇 분에 걸쳐 풀어낸 답이 정답이 아니었기에 그 문제를 볼 마음도 생기지 않을 것이다. 이해한다. 일단은 체크해두자.

어찌 되었든 그 문제는 자신의 것으로 만들어야 한다. 가장 좋은 방법은 잘못된 문제와 답을 노트 한 권에 정리하는 것이다. 자신이 필기했다는 것만으로도 그 문제가 갖는 나쁜 이미지가 완화될 것이다. 그 노트를 한가한 시간에 다시 읽다 보면 애착이 생길 것이고, 어느새 다시 풀어볼 마음이 생길 것이다.

이 노트의 장점은 다시 풀게 만드는 것뿐만 아니라 시험 바로 직전에 사용할 수 있다는 것이다. 시험 10분 전, 주위 사람들이 두꺼운 참고서를 훑어보는 가운데 당신은 틀린 문제를 정리한 심플 노트를 본다고 상상해보라. 이것은 틀리기 쉬운 문제의 확인은 물론 심리적인 여유까지 챙기는 도구가 된다.

얼핏 틀린 문제만을 보면 불안해질 것 같지만 반복하여 보는 동안에 공부했다는 증거로서 느껴져 든든해질 것이다.

Q 암기했던 단어가 시험 중에 떠오르지 않는 사태를 어떻게 방지할까?

A 이것은 대학에 들어간 친구한테서 들은 비법인데, 단어장의 색인을 사용하는 방법을 쓰면 좋다. 실제로 토플(TOEFL)을 공부하는 데 사용해보니 정말 효과가 있었다.

알파벳 A부터 순서대로 아는 단어에 표시를 해나간다. 모르는 단어는 페이지를 찾아가 그 의미를 알아본다. 보통은 모르는 곳에 표시를 하지만, 이것은 반대로 아는 단어에 표시한다. 첫째 주는 빨간색, 둘째 주는 파란색, 셋째 주는 노란색으로 펜 색깔을 바꾼다.

이것에 의한 이점은 세 가지로, 먼저 암기한 단어와 암기하지 않은 단어를 구별할 수 있다. 암기하지 않은 단어가 눈에 들어오는 횟수가 증가한다. 둘째, 성과가 한눈에 보인다. 몇 주 동안 반복함으로써 색인 자체가 여러 색깔의 펜으로 표시되어 있어서 보는 것만으로 의욕도 생긴다. 셋째, 단어장의 나열로 의미를 추측할 수는 없다. 다만, 단어장을 오래 사용하면 단어의 나열로 의미를 암기하게 되기도 한다. 이 단어 다음에는 이 단어이니까 하는 연상작용에 따른 것일 터이다. 그런 방법으로 암기한 단어는 실제 문장 속에서 단체로 등장하면 어떤 의미인지 알 수는 없다. 또한 단어장의 색인은 알파벳 순서대로 나열되어 있어 이전 단어와도 연결되지 않는다. 그러니 이 방법은 단어장을 훑어본 상태에서 도입해보자.

학부모님께

　중고생에게 미치는 학부모의 영향은 절대적이다. 시험 결과
역시 크게 좌우한다. 여기서는 나나 주위 교토대학 학생의 경
험을 바탕으로 학부모들이 취해야 할 것들을 정리해보았다.
　입시는 자녀의 인생을 크게 좌우하는 일대 행사 중 하나다.
가능하다면 이 방법으로 수험생 자녀들을 지원해보자.

① 공부하라고 말하지 않는다.

　이것은 매우 어려운 일일지 모른다. 자녀를 위해 어쩔 수 없
이 내뱉게 되는 말임을 잘 알고 있다. 그러나 되도록 이 말을
삼켜야 한다. 공부하라고 말함으로써 자녀의 공부에 긍정적
으로 작용할 가능성은 전혀 없다.

② 중간·기말고사, 모의고사의 결과를 묻지 않는다.

　이것도 ①과 마찬가지로 학부모에게는 힘든 일일지 모른
다. 자녀의 성적이 마음에 걸리는 것은 당연하다. 그러나 부모

가 성적을 지나치게 신경 쓴다는 사실은 자녀에게는 큰 스트레스가 된다. 스트레스가 커지면 당연히 공부할 의욕이나 집중력도 생기지 않는 법이다. 힘든 일이겠으나 궁금해도 묻지 말자.

원래 성적이 좋으면 아이가 먼저 여봐란듯이 알려오게 마련이다. 비록 결과가 나빴다고 해도 자녀는 온 힘을 다해 노력했을 것이다. 따라서 부모는 잠자코 지켜봐주자.

③ 공부 의욕을 고취해준다.

자녀가 공부 의욕을 왕성히 가질 수 있도록 최대한 지원해주자. 예컨대 쉬는 날, 아이와 지망 학교에 가보는 것이다. 그것만으로도 충분히 의욕을 높여줄 수 있다.

④ 건강관리를 해준다.

입시 관문을 통과하려면 일단 체력부터 받쳐주어야 한다. 공부에 집중한 나머지 지나치게 분발하는 학생들이 꽤 있다. 그러다 보니 건강관리를 소홀히 하기 일쑤다.

특히 감기 초기는 그리 힘들지 않기 때문에 무리하는 아이도 적지 않다. 그러나 감기 초기에 적절히 대응하지 않으면 악화되어 학습 자체가 불가능한 지경에 이를 수도 있다. 시판되는 감기약을 늘 상비해두고 감기에 걸렸다면 바로 먹여 초기

에 다스리자.

무엇보다 음식이 중요하다. 영양가 있는 음식을 잘 챙겨주어 체력적으로 힘들지 않게 해주자.

⑤ 참고서 구입비를 아끼지 않는다.

이는 꼭 유의해야 할 사항이다. 아이는 나름대로 공부를 위해 노력하고 있다. '부잣집 아이들의 학력이 높다'는 말은 정말 사실이다. 교육에 돈을 충분히 쓰기 때문이다. 원하는 참고서가 있다고 아이가 말하면 싫은 기색을 보이지 말고 돈을 건네자. 수백만 원 하는 학원에 보내달라는 것도 아니니까.

⑥ 결과에 목매지 않는다.

노력하는 것 자체가 중요하다고 하지만 어쩔 수 없이 결과를 따지게 되는 게 인지상정이다. 노력하는 것 자체를 진심으로 인정해줄 수 있는 이는 부모밖에 없다. 합격을 위해 부모로서 당연히 자녀를 응원해야 한다. 지원도 필요하다. 그러나 결과에 너무 집착하지 말자. 이 또한 부모밖에 할 수 없는 일이다.

의욕과
집중력!

이 두 가지만 있으면 무슨 일이든 잘할 수 있다. 이 두 가지 힘의 중요성을 나는 초등학생 무렵부터 의식하고 있었다.

'가루타' 때문이다. 나는 가루타를 초등학교 시절부터 지금까지 즐기고 있다(가루타 전국 대회에서 15회 우승, 전국 학생 대회에서는 3연패를 하고 8단을 땄다).

최근에 가루타를 소재로 한 인기 만화 《치하야후루》가 영화화되면서 이 게임이 많은 이에게 알려진 듯하다. 이것은 고쿠라 백인일수의 뒤 문구가 적힌 카드를 앞 문구를 읽은 동시에 누가 먼저 집는지를 겨루는 경기다.

카드 위치를 간파하는 기억력, 읽은 순간과 소리에 귀 기울이는 집중력이 승패를 가르는 키포인트다. 남은 카드의 장수가 일대일이 되는 것을 '운명전'이라고 말하는데, 그때의 긴장감은 맛본 사람밖에는 알지 못할 만큼 굉장하다.

카드를 읽은 직후 1초, 이 순간은 소리에 모든 신경을 집중시키지 않으면 안 된다. 또한 순간적인 집중력뿐 아니라 약 90분 정도의 시합 시간 중에는 끊임없이 카드의 암기를 반복하지 않으면 안 되기 때문에 집중력의 지속도 역시 중요한 요소다.

가루타는 연습 부족이 곧 결과로 나오는 게임이기도 한데, 이 연습이 기본적으로는 같은 모임의 사람과의 시험이 되기 때문에 연습에 대한 '의욕'도 중요한 요인이 된다(그 외에도 상대에게 졌을 때의 압박감을 극복하는 힘, 의도한 대로 시합 전개가 안 될 때 참아내는 인내력 등도 키울 수 있다).

이러한 가루타를 일찍 만난 것은 내게 큰 행운이었다. 앞서 말했듯 의욕과 집중력의 중요성을 알아차렸으니까! 교토대학에 합격한 것도, 〈두뇌왕〉에 출연할 수 있었던 것도 가루타와의 만남이 없었다면 불가능했을 것이다.

"공부할 의욕이 생기지 않아요."

"공부를 시작해도 집중력을 가질 수 없어요."

이러한 말을 나는 정말 자주 듣는다. 이는 많은 사람이 공부하는 데에서 '의욕'과 '집중력' 때문에 얼마나 고민하고 있는지 여실히 보여주는 말들이다.

누구나 좋아하는 일 앞에서는 굉장한 의욕과 집중력을 발휘하게 마련이다. 이런 점에서 가능성은 충분하다. 어떻게 하느냐에 따라 공부하는 데서도 의욕과 집중력을 높이고 성과를 낼 수 있다. 그 방법을 전하고 싶어 이 책을 집필했다.

의욕을 북돋기 위한 방법, 집중력을 지속하기 위한 요령은 많다. 그러나 그것들을 실천하지 않는 이상 그림의 떡에 불과하다. 이 책에서 소개한 방법들을 우선 실천해보자. 어느 것이든 한 가지만이라도 좋다. 일단 실천해볼 것! 실천하면 틀림없이 당신의 성적은 올라가고 말 것이다. 만일 그 한 가지가 그리 효과적이지 않다면, 다른 하나 또는 두 가지를 실천하길 바란다. 그러면 분명 당신에게 딱 맞는 방법과 만날 수 있을 것이다.

지금까지 공부에 자신감이 없던 학생이 사소한 계기로 성적이 갑자기 오른 예를 나는 수차례 보아왔다. 이 책이 당신에게 그런 작은 계기가 될 수 있다면 더할 나위 없이 기쁠 것이다.

이 책을 내기까지 여러분의 많은 도움이 있었다. 이 지면을 빌려 감사의 인사를 드린다.

출판 기회를 주신 후타미쇼보, 특히 실무를 담당해주신 오가와 시에게는 이 책의 구상 단계부터 수많은 조언을 해주었다. 진심으로 감사하다는 말씀 전한다. 그리고 집필하는 데 애를 먹을 때마다 나와 더불어 이런저런 고민을 해주고 조언해준 후배 여러분, 진심으로 고맙다. 또한 띠지의 추천사를 흔쾌히 승낙해준 미즈카미 야스토 씨! 〈두뇌왕〉에서 두 차례 함께 출연하고 그 이후에도 친밀히 대해주면서 나에게 좋은 자극을 주었다. 고맙다. 평소 응원해주시는 메일매거진 독자 여러분! 늘 보내주시는 질문 혹은 감상 등의 메시지는 나에게 큰 원동력이 된다. 고맙다. 구메하라 학원의 학생 여러분! 여러분의 노력이 나의 큰 자신감이 되었다. 고맙다.

마지막으로 이 책을 읽어주신 독자 여러분께 감사의 마음을 전한다. 정말로 고맙습니다!